全国高等教育自学考试指定教材
营养、食品与健康专业（独立本科段）

流 行 病 学

（2006年版）

（附：流行病学自学考试大纲）

全国高等教育自学考试指导委员会　组编

主　编　胡永华
编　者　（以姓氏笔画为序）
　　　　任　涛　朱燕萍　吴　涛
　　　　胡永华　秦　颖　唐　迅
　　　　曹卫华　黄爱群　詹思延
主　审　王　岚
参　审　黄建始　曹务春

北京大学医学出版社

LIUXINGBINGXUE

图书在版编目（CIP）数据

流行病学（2006年版）/胡永华主编. —北京：北京大学医学出版社，2006.8（2024.11重印）
全国高等教育自学考试指定教材
ISBN 978-7-81116-071-0

Ⅰ.流⋯　Ⅱ.胡⋯　Ⅲ.流行病学—高等教育—自学考试-教材　Ⅳ.R18

中国版本图书馆 CIP 数据核字（2006）第 069595 号

流行病学（2006年版）

主　　编：胡永华
出版发行：北京大学医学出版社
地　　址：(100191)北京市海淀区学院路38号　北京大学医学部院内
电　　话：发行部 010-82802230；图书邮购 010-82802495
网　　址：http://www.pumpress.com.cn
E-mail：booksale@bjmu.edu.cn
印　　刷：北京信彩瑞禾印刷厂
经　　销：新华书店
责任编辑：韩忠刚　　责任校对：杜　悦　　责任印制：罗德刚
开　　本：787 mm×1092 mm　1/16　印张：10.5　字数：259千字
版　　次：2006年8月第1版　2024年11月第10次印刷
书　　号：ISBN 978-7-81116-071-0
定　　价：25.00元

版权所有，违者必究
（凡属质量问题请与本社发行部联系退换）

组 编 前 言

21世纪是一个变幻莫测的世纪，是一个催人奋进的时代。科学技术飞速发展，知识更替日新月异。希望、困惑、机遇、挑战，随时随地都有可能出现在每一个社会成员的生活之中。抓住机遇，寻求发展，迎接挑战，适应变化的制胜法宝就是学习——依靠自己学习，终身学习。

作为我国高等教育组成部分的自学考试，其职责就是在高等教育这个水平上倡导自学、鼓励自学，为每一个自学者铺就成才之路。组织编写供读者学习的教材就是履行这个职责的重要环节。毫无疑问，这种教材应当适合自学者增强创新意识、培养实践能力、形成自学能力，也有利于学习者学以致用，解决实际工作中所遇到的问题。具有如此特点的书，我们虽然沿用了"教材"这个概念，但它与那种仅供教师讲、学生听，教师不讲、学生不懂，以"教"为中心的教科书相比，已经在内容安排、形式体例、行文风格等方面都大不相同了。希望读者对此有所了解，以便从一开始就树立起依靠自己学习的坚定信念，不断探索适合自己的学习方法，充分利用已有的知识基础和实际工作经验，最大限度地发挥自己的潜能，达到学习的目标。

祝每一位读者自学成功。

本教材由全国考委医药学类专业委员会遴选作者、安排编写、组织审稿，保证了医学药类自考教材的质量。

欢迎读者提出意见和建议。

全国高等教育自学考试指导委员会
2006年4月

目 录

流行病学

第一部分 流行病学理论

第一章 绪 论 …………………………………………………………………… (3)
第二章 疾病的分布 ……………………………………………………………… (10)
    第一节 疾病分布的常用测量指标 …………………………………………… (10)
    第二节 疾病流行的强度 ……………………………………………………… (13)
    第三节 疾病的人群分布 ……………………………………………………… (14)
    第四节 疾病的地区分布 ……………………………………………………… (16)
    第五节 疾病的时间分布 ……………………………………………………… (18)
    第六节 疾病的人群、地区、时间综合分布 …………………………………… (20)
第三章 流行病学研究方法概述 ………………………………………………… (22)
    第一节 历史回顾 ……………………………………………………………… (22)
    第二节 流行病学研究方法的应用 …………………………………………… (22)
    第三节 流行病学研究方法分类 ……………………………………………… (23)
第四章 描述性研究 ……………………………………………………………… (30)
    第一节 现况研究 ……………………………………………………………… (30)
    第二节 筛 检 ………………………………………………………………… (34)
    第三节 生态学研究 …………………………………………………………… (42)
第五章 病例对照研究 …………………………………………………………… (44)
    第一节 概 述 ………………………………………………………………… (44)
    第二节 病例对照研究的实施 ………………………………………………… (46)
    第三节 病例对照研究的资料分析 …………………………………………… (52)
    第四节 病例对照研究中的主要偏倚及其控制 ……………………………… (55)
    第五节 病例对照研究结果的解释及优缺点 ………………………………… (56)
第六章 队列研究 ………………………………………………………………… (58)
    第一节 概 述 ………………………………………………………………… (58)
    第二节 队列研究的实施 ……………………………………………………… (61)
    第三节 队列研究的资料分析 ………………………………………………… (65)
    第四节 队列研究中的偏倚及其控制 ………………………………………… (68)
    第五节 队列研究的优缺点 …………………………………………………… (69)

第七章 流行病学实验 ·· (70)
第一节 概述 ·· (70)
第二节 实验研究的实施步骤和过程 ·································· (72)
第三节 实验研究资料的整理与分析 ·································· (79)
第四节 实验研究的偏倚以及优缺点 ·································· (80)

第八章 流行病学研究中的误差及其控制 ·································· (83)
第一节 概述 ·· (83)
第二节 随机误差 ··· (84)
第三节 各类偏倚及其控制方法 ······································ (84)

第九章 暴发调查 ··· (96)
第一节 概述 ·· (96)
第二节 暴发的流行病学特征 ·· (97)
第三节 暴发调查的原则、特点及实施 ································ (100)

第十章 病因和病因推断 ·· (108)
第一节 病因概念与病因模型 ·· (108)
第二节 病因推断 ··· (113)

第二部分 流行病学实习指导

实习1 疾病频率的测量 ··· (121)
实习2 现况研究 ··· (123)
实习3 筛检方法评价 ··· (125)
实习4 病例对照研究 ··· (126)
实习5 队列研究 ··· (129)
实习6 暴发调查的方法与步骤 ··· (132)

附录 流行病学专业常用词汇汉英对照 ································· (134)
后 记 ·· (138)

附 流行病学自学考试大纲

流行病学课程自学考试大纲出版前言 ····································· (141)
目 录 ·· (142)
Ⅰ 课程性质与设置目的 ·· (143)
Ⅱ 课程内容与考核目标 ·· (144)
Ⅲ 关于大纲的说明与考核实施要求 ···································· (159)
附录 试题类型举例 ··· (161)
后 记 ·· (162)

第一部分 流行病学理论

第一部分　流行病学理论

第一章 绪 论

一、流行病学的定义和特征

(一) 定 义

流行病学（epidemiology）是研究人群中疾病与健康状况的分布及其影响因素，并研究如何防治疾病及促进健康的策略和措施的科学。Epidemiology 一词来源于希腊语，EPI（在……之中）和 DEMO（人群）以及 OLOGY（学科）这三个词根合起来，即表示研究"在人群中发生的"事物的学问。流行病学这门学科是与各种疾病的不断斗争中发展起来的，其学科的定义在不同历史时期强调的侧重点有所不同。现代的流行病学的定义体现如下几点基本含义：

1. 流行病学更多的是从群体的角度研究疾病和健康状况。
2. 流行病学是从研究各种疾病与健康的分布的现象入手，探讨分布的规律，研究影响分布的因素。
3. 运用流行病学的理论与方法，研究控制疾病流行，促进群体健康的策略与措施。

(二) 特 征

流行病学是一门应用性很强的学科，在控制传染病的流行，非传染病对健康的危害以及各种不明原因疾病与健康危害中，流行病学发挥着非常重要的作用。流行病学同时也具有很重要的方法学的特点，流行病学的方法可运用到众多的医学领域，并不断交叉融合形成新的学科分支。

流行病学的主要学科特征可归纳如下：

1. **群体特征** 流行病学的着眼点是群体。大到全球健康问题，小到社区，或者是某类特定人群的疾病与健康状况。流行病学并非不关注个体，事实上所有群体都是由众多个体组成的。只不过流行病学在研究与分析问题的角度更多的是强调的群体。

2. **以分布为起点的特征** 流行病学常常是以疾病的分布为起点来认识疾病与健康相关问题的，即是通过收集、整理并考察有关疾病在时间、空间和人群中的分布特征，去揭示疾病发生和发展的规律，为进一步研究提供线索。

3. **对比的特征** 在流行病学研究中自始至终贯穿着对比的思想，对比是流行病学研究方法的核心。只有通过对比调查、对比分析，才能从中发现疾病发生的原因或线索。

4. **概率论和数理统计学的特征** 在描述某个地区或某个特定人群疾病发生或死亡的情况时，我们常常是用相对数，如率来反映，而不是用绝对数来表示。率体现的是某个事件发生的平均水平，这有助于我们去认识疾病的严重程度。

5. **社会学的特征** 人群健康与环境有着密切的关系。疾病的发生不仅仅与人体的内环境有关，还必然受到自然环境和社会环境的影响和制约。在研究疾病的病因和流行因素时，我们应该树立"三维健康"的观念，全面考察研究对象的生物、心理和社会生活状况。

6. **预防为主的特征** 作为公共卫生和预防医学的基础学科，流行病学始终坚持预防为主的方针并以此作为学科的研究内容之一。与临床医学不同的是，它面向整个人群，着眼于疾病的预防，特别是一级预防，保护人群健康。

二、流行病学简史

流行病学是为了适应人类生活和生产实践的需要而逐渐发展起来的。它既来源于人类与传染病流行长期斗争所积累的科学认识和实践经验，也来源于近二百年来医学界对流行病学研究方法的发展和应用。正是这二者的结合，才逐渐形成了今天的流行病学。

早在公元前5世纪，人类就观察到四季存在不同的疾病流行，并认识到一些疾病具有传染性。19世纪中叶，"活的传染物"学说得到世界范围的承认，一些病原微生物逐渐被发现。20世纪20年代以后，传染病的理论知识和实践经验逐渐丰富起来，传染病的流行病学基本定型。在传染病流行病学不断发展的同时，流行病学的研究对象开始越出传染病的范围，逐渐涉及到慢性病及所有疾病。随后，流行病学的研究范围又扩大到人群健康状况，以及一些重要的公共卫生问题。

现代流行病学形成与发展的另一个组成部分是流行病学的方法的发展。方法的发展是基于对各种疾病，尤其是传染病的防治实践。在流行病研究中引入科学对比的观点使流行学摆脱了原始的观察，使之初具科学的思维模式。概率论和数理统计方法的引入使流行病学的研究结果具有了普遍意义。在此基础之上，流行病学自身特有的方法，如病例对照研究和队列研究以及流行病学实验研究得以形成和发展与完善。计算机在流行病学中的广泛应用，使流行病学方法的发展有了更为广阔的前景。

总之，流行病学从传染病到非传染病，由非传染病到人类健康状况和重大公共卫生问题；由单纯观察到流行病学实验，由定性研究到定量研究，流行病学在其发展过程中形成了自身独特的脉络。

三、流行病学研究方法及其在食品、营养与健康评价中的应用

流行病学在食品、营养与健康评价中有着广泛的应用。流行病学研究方法可分为三大类，即用观察法、实验法和数理法。观察法和实验法在实际工作应用更为广泛。观察法按照是否有事先设立的对照组又可进一步分为描述性研究和分析性研究。因此，流行病学研究的设计类型可分为描述流行病学、分析流行病学、实验流行病学和理论流行病学四类，如图1-1所示。描述流行病学主要是描述疾病或健康状态的分布，起到揭示现象，为病因研究提供线索的作用，即提出假设。而分析流行病学主要是检验或验证科研的假设。实验流行病学则用于证实或确证假设。

（一）观察法

其主要特点为研究对象所具有的各种特征是客观存在的，研究者不能随机分配研究因素予观察对象。只能靠全面、客观的描述或精心设计的方案对人群现象进行分析、比较、归纳、判断，以揭示事物之间的联系。观察法相对于实验法来说，容易实施，且不存在医学伦理学问题。但研究中可能受多种因素的干扰，可能影响结果的真实性。

观察性研究的主要方法有描述性研究与分析性研究。

1. 描述性研究

描述性研究包括历史资料分析（历史回顾法）、横断面研究、随访研究、生态学研究与

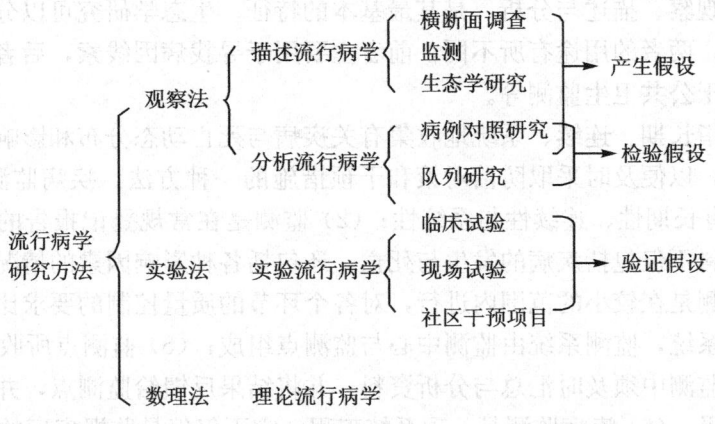

图 1-1 流行病学研究方法类型

疾病监测。描述性研究的主要任务是描述疾病和健康状况在人群、时间和地区的分布情况（即"三间分布"），以了解人群疾病或健康状况及其变化趋势。如疾病的分布特征，发病或死亡与外环境或人群某特征的关系，可疑致病因素的探索及对某些人群防治措施及其效果进行评价等。

描述性研究是流行病学工作者的基本任务，也是分析性研究的基础，对疾病的"三间分布"进行综合描述，可获得有关病因的线索和流行因素的丰富的信息，有利于提出假设。最经典的实例就是对新疆"察布查尔病"的调查：该病每年都有发生，发病季节集中在3~6月，4月为发病高峰；发病年龄以20岁以下的青少年居多，女性发病多于男性，在一个多民族混居县，发病集中在锡伯族，职业分布以小学生、学龄前儿童及家庭妇女多发；在察布查尔县所辖的7个区中，只有在锡伯族居住的三区和四区的8个乡有本病发生。根据上述资料，调查者认为：察布查尔病的发生可能与锡伯族居民的某种生活习惯有关，尤其是与3、4月份的某些生活习惯有关。最后调查证实，该病是由于锡伯族居民每年从4月18日开始吃的甜面酱在制作过程中，被肉毒杆菌污染所致。由此可见描述性研究的重要性。

历史回顾法是利用现有的记录资料，对某一地区近年来的疾病或健康状况进行流行病学描述。这种研究能在较短时间里查明一个地区某疾病的流行情况。利用现有资料的分析获得所需数据，既可以补充现况资料的不足，又可为深入分析提供历史背景资料。因而得到了流行病学工作者的普遍应用。但历史资料往往受时间限制，会出现诊断标准、方法的不一致或记录不全等问题，故应用时需予以注意。

横断面研究是描述性研究最常用的方法，它是研究在特定时间与特定范围内人群中的有关因素与疾病或健康状况的关系，是营养流行病学常用的一种方法，例如在"中国健康与营养调查"时就应用了现况调查。"中国健康与营养调查"是在不同时期了解我国不同地区城乡居民的生活水平、食物结构、营养状况的变化趋势，以及与这些变化有关的卫生、经济、文化、人口等家庭及社会因素的相关关系，为国家制定食物发展政策及相应的城乡卫生、经济和社会发展政策提供依据。现况研究又包括普查与抽样调查两种方法。

随访研究是在现况调查的基础上，对具有某种特征的一群人进行长期的随访，观察其发展变化的情况，以探索疾病与健康的影响因素。

生态学研究是在群体水平研究暴露因素与疾病（或其他生命相关事件）之间的关系。以群体为单位进行观察、描述与分析，是其最基本的特征。生态学研究可以分为生态比较研究与生态趋势研究，两者的用途有所不同，前者主要用于寻找病因线索，后者可以检验前者的假设，也可以用于公共卫生监测等。

疾病监测是指长期、连续、系统地收集有关疾病与死亡动态分布和影响因素的资料，并及时上报和反馈，以便及时采取防治对策和干预措施的一种方法。疾病监测的主要特点为：(1) 资料收集具有长期性、连续性与系统性；(2) 监测是在常规登记报告的基础上，收集更详细的资料，资料不仅包括疾病的发生与死亡，还包括各种影响因素的情况；(3) 与常规登记报告相比，监测是在较小的范围内进行，对各个环节的质量控制的要求比较严格；(4) 有一个完整的监测系统，监测系统由监测中心与监测点组成；(5) 监测点所收集的资料须及时上报监测中心，监测中须及时汇总与分析资料，并将结果反馈给监测点，并定期向有关卫生部门报告监测结果；(6) 疾病监测是一项系统工程，它不仅仅是监视疾病的变化趋势与影响因素，还包括制定相应的预防策略与措施并评价其效果。对于营养、食品卫生与食源性疾病的预防控制，亦可采用此方法。

2. 分析性研究

分析性研究就是在描述性研究的基础上，分析疾病和健康状态与可能的致病因素之间的关系，从而进行致病因素的筛选并形成和检验病因假说。与描述性研究不同，分析性研究的最重要特点就是在研究设计中设立了可供对比分析的两个组，或者按疾病的有无进行分组，如病例对照研究，或者按是否暴露于某因素或具备某特征进行分组，如队列研究。分析性研究主要分为两大类，即病例对照研究和队列研究。

病例对照研究是指在疾病发生之后，以现在患有该病的病人为一组（病例组），以未患有该病但其它条件如性别、年龄与病人相同的人为另一组（对照组），通过询问、化验比较或复查病史，按其既往各种可疑致病因素的暴露史，测量并比较病例组和对照组对各因素的暴露比例，进而推断可能的致病因素或验证病因假说。在营养流行病学中，病例对照研究用已知或假定同一来源人群的某病的病例和未患该病的对照作为研究对象，通过询问其既往膳食情况，探讨疾病与不同程度的膳食暴露之间的关系，从而寻找可能的膳食危险因素。膳食的病例对照研究最大的困难是回忆的准确性，同时缺乏膳食摄入定量的方法，进一步影响了对暴露程度的划分，因而膳食因素的病例对照研究结论常常不一致。

队列研究对一定范围内未患病的人群按是否暴露于某因素（或具备某种特征）进行分组，随访一定的时间，比较两组的发病率或死亡率，以研究某因素或某特征是否与某疾病的发生或死亡存在着关系。在营养流行病学中，队列研究通常先收集一群健康人的膳食资料，按照不同的暴露程度分组，追踪一段时间，通常 10 年以上，再比较不同膳食暴露程度的队列中某些疾病的发病率，得出关于膳食因素与疾病关系的相对危险度。目前已发表的较大规模的队列研究有护士健康研究（约 95000 名女性）、纽约州队列研究（约 80000 名男性和女性）。相对于病例对照研究而言，队列研究避免了回忆偏倚，但另一方面却受限于其可行性。通过巢式病例对照研究完善和补充队列研究的内容，特别是结合生物标志物测定时，将会更经济可靠。

（二）实验性研究

将人群随机分为实验组和对照组，人为地给实验组予措施，如待评价的新药，预防接种等，对照组则给予安慰剂，或不给任何措施。在相同的条件下，随访并比较两组人群的结果以判断措施的效果。由于实验研究对象对处理因素的暴露是由研究者分配的。研究者在分配处理因素时是随机的，可控制各种外部因素的影响，结论可靠，但需要注意的是采用实验性研究方法时，必须严格遵守医学伦理学的规范和要求。

如"中美预防神经管畸形合作项目"，该项目从1993年10月至1995年9月共纳入了247831名妇女，研究组妇女从婚检开始，每日服用含0.4毫克叶酸增补剂"斯利安"片，直至妊娠后三个月末，而对照组不服药，以两组对象妊娠20周以后的分娩结局进行对比评价。研究的结论是，妇女在妊娠前后每天单纯服用含0.4毫克叶酸增补剂"斯利安"片，在神经管畸形的高发区和低发区都能够降低神经管畸形的危险性。随后，美国政府制定的采用叶酸强化食品的措施从1998年起开始实施。目前，世界上还有近40个国家根据"中美预防神经管畸形合作项目"的成果，提出了妇女增补叶酸预防胎儿出生缺陷的建议。

（三）理论性研究

是以数学模型定量地表达疾病的流行规律，即疾病在人间流行过程中，各种因素之间的内在数量关系和疾病的理论分布。主要用于阐明流行过程，检验病因假说，设计控制疾病的措施和提出理论性预测。

四、流行病学在医学中的地位和作用

医学包括基础医学、临床医学和预防医学。流行病学是预防医学中的一门独立学科。随着流行病学研究方法的不断发展和完善，流行病学已广泛应用于医学各个领域，为医学科学研究开辟了一个独特的方法学领域，逐渐成为医学的一门基础学科。同时，流行病学也是一门应用学科。它不仅在传染病的防治策略和措施方面起着重要的作用，而且对病因不明的慢性病，如恶性肿瘤、心脑血管疾病等的病因研究与防治起着独特作用。近年来流行病学在食品、营养与健康评价方面发挥着显著的作用。

五、流行病学与其他学科的关系

流行病学作为预防医学的一门独立学科从群体水平认识疾病，而基础医学从细胞和分子水平认识疾病，临床医学从个体水平认识疾病。三者之间各有侧重，但彼此密切相联，共同构筑医学体系。

（一）与基础医学的关系

流行病学与基础医学相互促进，协同发展。在传染病流行病学中应用微生物学、寄生虫学的内容和知识，可以帮助确定传播途径、流行过程、免疫和诊断等。血清学、分子生物学和遗传学分别与流行病学结合，形成相应的血清流行病学、分子流行病学和遗传流行病学。流行病学的发展也促进基础医学的进步。

（二）与临床医学的关系

流行病学工作者需要了解疾病的临床知识以帮助诊断，并拟订、实施防治措施。疾病的报告、干预措施的落实需要临床医师的协助。临床医师在疾病的早期诊断、病因探讨、药物和治疗方法的效果评价中需要借助流行病学的方法。20世纪90年代发展起来的循证医学对促进现代医学的发展发挥着重要的作用，而正是流行病学方法与临床工作的密切结合有力地推动了循证医学的发展。

（三）与其他相关学科的关系

流行病学引入概率论和数理统计方法揭示疾病发生和发展的客观规律。计算机在流行病学中的应用，不仅使流行病学的方法有了突破性的发展，而且使大规模流行病学调查的设计和资料处理分析得以顺利进行。流行病学与环境科学、动物学、生态学、社会学、心理学、管理学、放射学、气象学和地理学等许多学科有着很深的联系。

六、流行病学分支

（一）研究方法深化而形成的分支

随着流行病学研究方法的深入发展，以描述疾病分布为主的研究被称为描述流行病学；以病例对照及队列研究为主的被称为分析流行病学；以临床试验与社区干预为主的被称为实验流行病学；以应用数学模型探讨流行规律的被称为理论流行病学。以上这些分支相互依存构成流行病学的基本研究方法。越来越多的研究综合了多种研究方法而得出较为可靠的结论，例如对于膳食中黄曲霉素与原发性肝癌的关系，长期以来在某些肝癌高发区进行的描述性研究、病例对照研究、队列研究和干预实验得到了一致的证据，并且多数动物实验也表明黄曲霉素是一种很强的致癌物，并提出了致病机制。当然，也存在少量不同的结果，如中国预防医学科学院营养与食品卫生研究所与美国康奈尔大学和英国剑桥大学合作的研究。对于众多证据的评价，也促成了循证医学在食品、营养与健康评价中的应用——循证营养的出现。

现场流行病学是指主要进行现场调查的流行病学研究。移民流行病学是利用移民这一特殊人群，分析环境或遗传因素对疾病影响的流行病学研究方法，常用来判断疾病病因中究竟是环境因素还是遗传因素起主导作用。在营养流行病学研究中，环境因素主要是膳食因素。由于移民人群的膳食习惯往往随着迁居而逐渐趋同于其移居国人群，因而，当该人群中某些疾病发病模式也逐渐趋同于移居国人群时，提示环境因素包括膳食因素可能与此疾病相关。例如，移居美国的日本移民，结肠癌发病率在第一、二代移民中就已经类似于美国本土人群，移居夏威夷的日本移民的结肠癌发病率甚至超过当地人群，充分反映了环境因素，包括膳食因素对结肠癌发病的重要性，并且提示移民对环境因素的敏感性可能高于本地人。

（二）与其他学科相结合而形成的分支

1. 血清流行病学　应用免疫与生化技术检测人群血清，进行研究。
2. 遗传流行病学　与医学遗传学与群体遗传学结合，利用家系、双生子、同胞等进行研究。
3. 分子流行病学　应用分子生物学技术进行流行病学研究。
4. 其他　如地理流行病学（与地理学结合）、微生态流行病学（与微生态学结合）、古流行病学（与考古学结合）等。

（三）研究专门临床学科而发展起来的分支

1. 临床流行病学　与临床医学结合，重点探讨临床研究的设计、测量、评价。
2. 药物流行病学　评价药物的疗效，监测药物的不良反应。
3. 非传染病（或慢性病）流行病学
（1）肿瘤流行病学。

（2）心脑血管病流行病学。

（3）其他　如精神病流行病学、围产流行病学、眼科流行病学、口腔流行病学、伤害流行病学等。

4. 传染病流行病学　流行病学是从研究传染病的流行发展起来的，所以有着较完整的理论体系。

（四）研究公共卫生问题而形成的分支

1. 职业流行病学　与劳动卫生与职业卫生结合。
2. 环境流行病学　与环境卫生结合。
3. 营养流行病学　与营养卫生结合，运用流行病学方法研究膳食营养因素与疾病发生的关系。
4. 健康流行病学　与健康保健结合。
5. 评价流行病学　与卫生项目管理结合。

七、展　望

流行病学是一门既古老而又年轻的学科，古老是指流行病学的历史非常悠久，年轻是指流行病学的发展迅速，其理论体系不断完善，而且不断向众多领域渗透、融合，形成新的分支。近年来，随着疾病谱的改变，慢性非传染病已成为重要的疾病负担，此类疾病与营养膳食因素密切相关。营养流行病学研究疾病的膳食病因学是为了在群体水平预防疾病，并在群体水平估计改变营养状况后所能达到的预防疾病的效果，只有这种改变在人群中具有明显的健康效益，才有可能被决策者采纳，从而制定相应的公共卫生策略或措施。这些措施的建立是必须在有足够证据证实营养因素与疾病之间存在因果关系的基础上的，并非某一项或几项研究得出的结论就可轻易下结论，还必须满足因果推断的标准。另外，基于对这些证据的判断，循证营养与循证公共卫生也将发挥更大的作用，而"循证"的重要手段之一正是流行病学。

（唐　迅　胡永华）

第二章 疾病的分布

流行病学研究可通过观察疾病在人群中的发生、发展和消退，描述疾病不同时间、不同地区和不同人群中的频率与分布现象，这就是疾病的分布（distribution of disease）。它是流行病学研究的起点和基础。

疾病的分布是一个变化的动态过程，它可受到病因、环境及人群特征等自然因素和社会因素的影响而变化。每种疾病都有其各自特异的、有一定规律的分布特征。

研究疾病分布的意义在于：

1. 它是研究疾病的流行规律和探索疾病病因的基础。因为疾病的分布特征受病因所左右，所以它可为研究提供病因的线索，即提出研究的问题或假设。

2. 通过对疾病分布的描述，可帮助我们认识疾病流行的基本特征，这是临床诊断很有价值的一个重要信息。

3. 对疾病分布规律及其决定因素的分析有助于为合理地制订疾病的预防、控制保健策略及措施提供科学依据。

第一节 疾病分布的常用测量指标

描述疾病三间分布的方法是将流行病学调查或记录的资料按不同人群、时间和地区的特征分为相应的组别，分别计算各组的疾病或健康状况的测量指标，然后加以比较，归纳并分析其分布规律。

常用于疾病或健康状况测量的相对数指标包括比、比例、率。

比（ratio）是两个变量的数值之商，表示分子和分母之间的数量关系，而不管分子和分母所来自的总体如何。分子和分母是两个彼此分离的互相不重叠或包含的量。分子和分母本身可以是绝对数，也可以是率、比例或比。

比例（proportion）是一个变量，是自身构成的部分与全体的比值（称为"构成比例"），或者是在其内发生某变化的部分与全体的比值（称为"发生比例"）。它是无量纲的，取值在 [0, 1] 闭区间内。常常反映了某种概率。构成比例代表了随机抽样，抽取到某种成分的概率；发生比例，则反映了在一定时期内，此全体的个体元素发生变化的概率。

率（rate）是变量随时间变化而变化的速率，它是变量对时间的导数与自身值的比，是有量纲的（单位为时间单位的倒数），可以取任何值（不一定在 [0, 1] 的闭区间内）。它是变量动态变化过程的一个参数。当观察期间为一个单位时段，变量的变化远远小于变量的值时，率与发生比例在数值上近似相等。

以上三者概念不同，应注意区分。而实际应用中有不少被称为率的指标，实质上是比例。

以下分别介绍常用的测量指标。

一、发病指标

1. 发病率

发病率（incidence rate）表示在一定期间内，一定人群中某病新病例出现的频率。计算公式为：

$$发病率 = \frac{一定期间内某人群中发生某病的新病例数}{同期可能发生该病的人口数} \times K \quad （公式2-1）$$

式中，K 可以是 100%，1000‰，或 10000/万……（下同）。

发病率是用来衡量某时期某地区人群发生某疾病的危险性大小的指标。

计算发病率时，分子应是某时期内某病的新病例数。因此，掌握判断"已病"和"未病"的手段是关键。时间单位一般是一年。但对罕见病来说，可累积数年的资料再计算。

发病率是一项常用的和重要的指标，对死亡率极低的疾病尤为重要。常用来描述疾病的分布，通过比较不同特征的发病率以探索病因及评价预防和防疫措施效果等。

发病率可按病种、年龄、性别、职业等特征分别统计计算获得发病专率。发病率一般是根据病例报告来计算的，若病例报告制度不健全，病例报告漏报情况严重时或诊断的标准不一致，其准确性将受到影响。比较不同地区的发病率资料时，应考虑年龄或性别结构不同，注意可比性，常用发病的标化率进行比较。

2. 罹患率

罹患率（attack rate）也是用来衡量人群中某病新病例出现的频率的。一般多用于描述小范围或短时间的发病状况。如可以用周、旬、月为时间单位。分子为新病例，分母为暴露人口。公式表示为：

$$罹患率 = \frac{观察期间新病例数}{同期暴露人口数} \times K \quad （公式2-2）$$

3. 患病率

患病率（prevalence rate）亦称现患率，是指某特定时间内总人口中某病新旧病例所占的比例。患病率与发病率密切相关，但含义不同，不可混淆。发病率是指某一时间内某人群中发生某病的新发病例数；患病率则是指某一时期（或时点）某人群中现有某病的病例数，而不管这些病例的发生时间。患病率可按观察时间的不同分为两类，即时点患病率和期间患病率。使用患病率时，若未加任何说明，一般是指时点患病率。

$$时点患病率 = \frac{某时点一定人群中现患某病新旧病例数}{该时点人口数（被观察人数）} \times K \quad （公式2-3）$$

$$期间患病率 = \frac{某观察期间一定人群中现患某病新旧病例数}{同期平均人口数（被观察人数）} \times K \quad （公式2-4）$$

时点患病率是用来测量某一时点现有某病患病情况，其患病率时点在理论上是无长度的，一般不超过一个月；期间患病率所指的是特定的一段时间，通常超过一个月，它实际上等于某一特定期间开始时的患病率加上该期间内的发病率。

影响患病率升高的原因：①病程延长；②未治愈者的寿命延长；③新病例增加（发病率上升）；④病例迁入；⑤健康者迁出（分母变小）；⑥诊断水平提高；⑦疾病的报告率提高。

影响患病率降低的原因：①病死率高；②新病例减少（发病率下降）；③病例迁出（分子变小）；④健康者迁入（分母变大）等。

患病率（P）与发病率（I）和病程（D）的关系可用公式表示为：$P \approx I \times D$。若发病率和病程在一个长时间内是稳定的，则 $P = I \times D$。如知道式中的两个数字，即可计算第三个数字。

在添置和安排医疗设施、评价医疗质量和分配医疗经费时，患病率可提供有价值的信息。研究发病的病因时，应选用发病率而不应选用患病率。

4. 感染率

感染率（infection rate）是指在某个时间能检查的整个人群样本中，某病现有感染者人数所占的比例。感染率的性质与患病率相似。感染率公式为：

$$感染率 = \frac{受检者中阳性人数}{受检人数} \times 100\% \qquad (公式2-5)$$

感染率常用于结核病、病毒性肝炎、寄生虫病、性病等。它可估计某病的流行势态，也可为制定防治措施提供依据。人感染某些传染病后，可不出现任何临床症状，但经微生物和血清学方法检验，皮肤试验等可确定其已被感染。

5. 病残率

病残率（disability rate）是指某一人群中，在一定期间内每百（或千、万、十万）人中实际存在的病残人数，即可以说明病残在人群中发生的频率。用以反映因残疾对人群健康状况的影响，是人群健康状况的评价指标之一。

$$病残率 = \frac{病残人数}{调查人数} \times K \qquad (公式2-6)$$

二、死亡指标

1. 死亡率

死亡率（mortality rate）为一定期间内，在一定人群中，死于某病（或死于所有原因）的频率。用公式表示为：

$$死亡率 = \frac{某期间内（因某病）死亡总数}{同期平均人口数} \times K \qquad (公式2-7)$$

死亡率是用来衡量某一时期一个地区人群死亡危险性的大小的指标。一般均以一年为时间单位计算死亡率。分母中同年平均人口数可用下面两种办法代替：①该年7月1日人口数；②年初人口数加年终人口数之和除以2。死于所有原因的死亡率是一种未经过调整的率，也称粗死亡率（crude mortality rate）。比较不同地区或不同年代的疾病死亡率时，不宜直接用粗死亡率来比较。因为各地区人口的年龄或性别构成可能不同，使得不同地区或人群间的死亡率可能不具有可比性，常需将死亡率进行标化后才可进行比较。

2. 死亡专率

死亡率可按不同病种、性别、年龄、职业等特征分别加以计算。此时的分母人口应与产生分子的人口相对应。这样计算的死亡率称为死亡专率（specific death rate）。其计算公式为：

$$年龄别死亡专率 = \frac{某期间某年龄组死亡人数}{同期该年龄组人口数} \times K \qquad (公式2-8)$$

$$性别死亡专率 = \frac{某期间某性别死亡人数}{同期该性别人口数} \times K \qquad (公式2-9)$$

$$\text{死因别死亡专率} = \frac{\text{某期间某病死亡人数}}{\text{同期人口数}} \times K \qquad \text{(公式 2-10)}$$

死亡专率可提供不同人群、时间或地区某病的死亡的信息，可用于探讨病因和评价防治措施。一些严重的疾病如肺癌、胃癌、心肌梗死等，其死亡专率大体上能反映该病的发病情况。但对某些不致命的疾病或病程长的慢性病来说，死亡专率不能充分反映发病情况，但用这个指标在不同的地区或国家间进行比较还是很有意义的。

3. 病死率

病死率（fatality rate）是指在一定时期内（一般为一年）患某病的全部病人中因该病而死亡者的比例。

$$\text{病死率} = \frac{\text{某时期内因某病死亡人数}}{\text{同期患该病的病人数}} \times 100\% \qquad \text{(公式 2-11)}$$

病死率可用来衡量确诊疾病的死亡概率，反映疾病的严重程度和医疗水平。通常用于急性传染病。

4. 生存率

生存率（survival rate）又称存活率，是指患某病的人（或接受某种治疗的病人），经过若干年随访，尚存活的病人数所占的比例。计算公式为：

$$\text{生存率} = \frac{\text{随访满} n \text{年尚存活的病例数}}{\text{随访满} n \text{年的病例数（包括死亡者）}} \times 100\% \qquad \text{(公式 2-12)}$$

生存率是用来研究疾病对生命的危害程度及评价疾病远期疗效的指标。常用于某些慢性病如结核病、癌症和冠心病等。计算生存率须有随访制度。应用公式时应确定随访开始日期和截止日期。开始日期一般以确诊日期、出院日期或手术日期为起点，截止日期多以 1 年、3 年或 5 年计算，即 1 年生存率、3 年生存率、5 年生存率。

5. 累积死亡率

累积死亡率（cumulative mortality rate）指在一定时间内死亡人数占某确定人群中的比例。通常为了说明在某一年龄以前死于恶性肿瘤的累积概率的大小，有时累积死亡率可由各年龄死亡率相加获得。多用百分率来表示。

应当注意：①计算某病的发病率或死亡率时，从理论上讲应以所有可能患某种疾病的人数作分母才能正确地反映发病或死亡的强度。但在实际计算时有一定的困难。例如，以麻疹发病率来评价麻疹疫苗的预防效果时，只有将该地区该时所有麻疹的易感儿童（包括目前正在患麻疹的儿童）作分母来计算发病率才是合理的。但在实际工作中，这种作法是很困难的。即使做到了，所得的数字也不够准确。计算心肌梗死死亡率时，由于该病在 40 岁前罕见，故以 40 岁及以上的人口数作分母计算死亡率比较合理。但这种作法在小数量人口方可行，而在大人群中，由于缺乏详细的人口资料，只能进行估计。这样只能用该地、该时的总人口数来代替受威胁的人口。应当说明，这是一种不得已的方法，但此法在实际工作中比较方便，而且其数量也接近实际情况；②分子应有确切的定义或标准并应当坚持始终；③计算疾病的频率时，通常是以年为时间单位，但也可根据研究者的需要另外规定时间单位。

第二节 疾病流行的强度

疾病流行的强度是指某病在某地人群中一定时期内病例数量的规模。常用的术语有散发、暴发和流行。

一、散 发

散发（sporadic）是指某病的数量维持在某地人群中历年的一般发病水平，且病例在该地散在出现，病人间无相互关系。历年一般是指当地前三年该病的发病水平。这种历年的一般发病水平可因病、因时、因地而异。例如在一个20万人的城市中，每年出现5000例痢疾，可认为是一般的现象。若出现3000例伤寒病人，则不能认为是散发，而可能是流行。在普种麻疹疫苗前，在同样人口的城市中，若出现几千名麻疹病例不足为奇，而在今日，出现相同数量的麻疹病例时，则不能认为是散发，而可能是流行。

散发不能用来描述人口较少的居民区某病的流行强度。因为此时偶然因素对发病率的影响太大，致使年发病率很不稳定。所以散发是表示省、县级以上的范围内某病流行强度的指标。若小范围内（如工厂、乡、学校）发生的少数病例，可称作散发病例。

出现散发的原因：人群对该病具有一定的免疫水平，或疾病以隐性感染为主（如脊髓灰质炎），或传播途径不易实现（如斑疹伤寒），或潜伏期较长（如炭疽）。

二、暴 发

在一个局部地区或集体单位中，短时间内突然有很多相同的病人出现，称为暴发（outbreak）。这些人多有相同的传染源或传播途径。大多数病人常同时出现在该病的最长潜伏期内。如食物中毒、幼儿园的麻疹等暴发。

三、流 行

流行（epidemic）是指某地区某病的发病率明显地超过当地的一般发病率水平，是与散发相比较而言的流行强度指标。应根据不同的病种于不同的时期和不同的情况下作出判断。前述20万人口城市中出现3000例伤寒病人即称为流行。对有些传染病隐性感染占感染者的大多数，当它流行时显性病例可能不多，而实际感染率却很高，称为隐性流行，如脊髓灰质炎和流行性乙型脑炎。

若某地出现已消灭的疾病或发生过去从未有过的疾病时，尽管规模不大亦可称流行。当某病流行时，出现跨国界、州界时，称为大流行（pandemic）。

第三节 疾病的人群分布

疾病的发病率常随人群的性别、年龄、职业、种族及人群的行为等不同而有差异，探讨这种差异有助于提供病因线索并帮助我们确定不同疾病的危险人群。

一、性 别

描述疾病在不同性别人群中的分布，一般是比较男女的发病率、现患率和死亡率，也有用性比来粗略表示的。探讨性别间率的差异有助于探索致病因素。

疾病的发病率和死亡率经常存在着性别差异，通常男性死亡率高于女性，但某些疾病发病率通常女性高于男性。表2-1显示某些疾病死亡率的性别差异，从表中可见，死亡率均为男性高于女性，甚至新生儿期的先天畸形也是男婴死亡率高于女婴。

表 2-1 15 种主要死因年龄调整死亡率性别比值

死因	男女年龄调整死亡率之比
所有死因	1.80
慢性阻塞性肺部疾患	3.10
意外死亡	2.96
慢性肝病和肝硬化	2.19
心脏病	2.01
肺炎和流感	1.86
肾炎、肾病综合征、肾病	1.58
恶性肿瘤	1.51
败血病	1.40
动脉硬化	1.29
脑血管病	1.19
先天畸形	1.15
糖尿病	1.04

（JS Mausner & Shira Kramer，1985，有修改）

疾病分布出现性别差异的原因包括：

1. 男女两性暴露或接触致病因素的机会不同，包括从事的职业种类不同、生活方式和嗜好不同等。如肺癌，男女分布频率不同是由于男性吸烟者所占的比例多于女性所致。男性肝硬化多于女性是因为男性饮酒机会多于女性的缘故。

2. 两性的解剖、生理特点及内分泌代谢等生物性因素有差异。如：冠心病的患病率男性高于女性，可能与女性在停经前受到雌激素保护有关。此外，胆结石、胆囊炎多见于女性，可能均与此有关。地方性甲状腺肿女性多于男性，可能与碘缺乏而不能满足女性对碘较多的需求有关。

二、年龄

年龄是人群分布中最重要的因素，几乎所有疾病的发病率或死亡率均与年龄有关。

年龄对死亡率有明显的影响。我国 1973～1975 年城市与农村年龄组死亡率曲线，呈近似"U"形，0 岁组高，10～14 岁组最低，15 岁及以后各年龄组死亡率随年龄增长而递增。

大多数疾病在不同的年龄组其发病率不同。婴幼儿易患急性呼吸道传染病；麻疹、百日咳、白喉、腮腺炎等病的发病率以儿童为高；血吸虫、钩端螺旋体病的发病率以青壮年为高；癌症、冠心病和脑血管病等慢性病发病率则随年龄增加而升高。

在比较不同人群的发病率或死亡率时，要考虑年龄构成的差异所造成的现象。此时，可用调整后的发病率或死亡率进行比较，以免导致错误的结论。

分析疾病不同年龄分布的差异，有助于深入探索致病因素，为病因研究提供线索。研究疾病的不同年龄分布，还可以帮助提出重点保护对象及发现高危人群，为今后有针对性地开展防治工作提供依据。

三、职　业

职业与许多疾病有着密切的关系。职业劳动性质、营养需求、精神心理压力的不同及职业性暴露于不同物理因素、化学因素、生物因素的不同均可导致疾病分布的不同。

在研究职业与疾病的关系时应考虑以下方面：

1. 疾病职业分布不同与感染机会或暴露于致病因素的机会不同有关。
2. 暴露机会的多少与劳动条件有关。
3. 职业反映了劳动者所处的社会经济地位和卫生文化水平。
4. 职业反映了劳动强度、劳动性质和精神紧张程度的不同。

四、种　族

不同的疾病在不同的种族间的分布呈现一定的差异。这可能与不同种族间的遗传、生理、风俗习惯、医疗卫生水平、经济状况和文化宗教的差异有关，也与不同种族所居住地的自然和社会环境有关。

五、宗　教

不同宗教有各自独立的教义、教规，因而对其生活方式也产生一定影响，这些会对疾病的发生和分布规律产生一定的影响。例如，伊斯兰教信徒不食猪肉，所以免除了猪绦虫病的危险。素食的基督复临派教徒不吃肉类，其结肠癌死亡率大大低于其他教派。

由于宗教本身与政治、经济、文化等的复杂联系，所以在讨论宗教对疾病的影响时还应兼顾到民族、生活条件、居住环境、饮食卫生习惯、风俗习惯及心理状态等因素的影响。

六、婚姻与家庭

不同婚姻状况对人的健康有明显影响。离婚、丧偶对人们的精神、心理和生活往往有很大影响，是导致发病或死亡率高的重要原因。女性婚后的性生活、妊娠、分娩、哺乳、内分泌变化等也是影响女性健康的重要因素。例如在单身妇女中多见乳腺癌，可能是内分泌不平衡所致。近亲婚配则是先天性畸形和遗传性疾病发病增加的重要影响因素。

家庭是社会组成的一部分，随着时代的变迁，家庭的组成形式及其成员也在发生变化。这将影响到疾病在家庭内的分布情况。研究疾病的家庭聚集现象及其规律，可以了解遗传因素和环境因素在疾病发病中起到的作用，同时也有助于阐明疾病的流行特征，评价防疫措施的效果。家庭成员中数量、年龄、性别、免疫水平、文化水平、风俗习惯、嗜好的不同对疾病分布频率也会产生影响。

第四节　疾病的地区分布

各种疾病包括传染病、非传染病及原因未明疾病均具有地区分布的特点。不同地区疾病分布不同，主要反映了致病因子在这些地区作用的不同。一般说来，所处的特殊地理位置、地形地貌、气象条件等自然环境因素和当地人群的风俗习惯、饮食习惯及社会文化背景等社会环境因素共同影响疾病的地区分布，分析时应做全面考虑。研究疾病的地区分布在一国内可按省、县或更小的行政单位划分，也可按国家、洲为单位划分，或按不同的自然地理条件来划分，如山区、平原、草原、森林和湖泊等自然地理条件所形成的一个地区。需注意的是不但自然地理条件本身会影响某些病的发病率，它还会影响人群的经济活动、交通条件和文化水平，生活在这样条件下的人群也可能有其特殊的风俗习惯和遗传特征。在解释疾病的地区分布时，自然地理条件较行政单位更有用。当然，使用行政单位划分可得到完整的人口学和疾病发生、死亡的资料，便于分析比较。由于不同疾病的流行特征不同，研究时应根据具体情况来划分地区范围。

一、疾病在国家间和国家内的分布

有些疾病只发生在世界上的某些地区，如黄热病局限于南美和非洲，这与埃及伊蚊的分布相一致；野鼠型出血热只发生在有特定的野生动物宿主中，日本国内无黑线姬鼠存在，所以在日本不发生野鼠型出血热。

有些疾病遍及世界各地，但发病率、死亡率各异。肝癌在亚洲、非洲常见，乳腺癌、肠癌在欧洲、北美多见。欧美各国冠心病死亡率远高于我国和日本，而我国和日本的脑卒中死亡率高于欧美各国。

即使在一个国家内，不同地区（省、市）间疾病的发病率的差异也很明显。如血吸虫病发病分布局限于我国南方；克山病呈现自东北向西南一宽带状分布；鼻咽癌多见于华南各省，以广东发病最高，而发病又集中于广东的肇庆、佛山和广州三个地区。胃癌多见于华北、西北和东北，食管癌则以太行山两侧的河南、山西多见。

国家间和国家内疾病分布的差异可能与工业化程度、生活方式、饮食习惯、种族构成、生物和自然环境等多种因素有关。观察各国或各地疾病的分布情况和动态变化，比较相互之间的异同，结合自然的、生态的、人文的、社会经济的背景，可以获得相当丰富的信息，借以探索和推断病因。国家间或国家内疾病分布的差异，对于探索膳食营养与疾病的关系提供了有价值的材料。曾有学者研究国家间结肠癌的发病率差异，发现不同国家肉类平均摄入量与结肠癌发病率相关，提示它可能是结肠癌的危险因素。

二、疾病的城乡分布

城市与农村由于生活条件、卫生状况、人口密度、交通条件、工业水平、动植物的分布等情况不同，所以疾病的分布也出现差异，这种差异是由各自的特点决定的。

城市人口多、密度大、交通发达、居住拥挤，人们的交往频繁，这些利于呼吸道传染病的传播。如水痘、流感、百日咳、流行性脑脊髓膜炎等疾病易于在大中城市中流行。在卫生设施完善，管理健全的城市中，肠道传染病受到一定程度的控制，反之，肠道传染病易于流行。

城市是工业集中的地区，环境污染比较严重，慢性病的患病率明显升高。据调查，城市的高血压患病率高于农村；肺癌及其他肿瘤的发病率高于农村。

城市食品种类丰富、医疗卫生水平高、设施完善，所以医疗保健及疫情控制均较及时有力。城市中肠道传染病的流行容易受到控制，自然疫源性和虫媒传染病也较农村少。

相反，农村人口密度低，交通不便，交往较少，环境闭塞，呼吸道传染病不多容易流行，有些偏僻的村庄可多年没有水痘、麻疹等病。若一旦传入，则可在村内迅速蔓延，引起流行。此时，可能出现年龄较大的人发病的现象。此外，农村卫生条件差，肠道传染病如痢疾、伤寒容易流行。血吸虫病、钩虫病以及虫媒传染病发病均明显高于城市。

值得注意的是，随着时代变迁，我国农业经济发展，农业闲散劳动力不断流入城市，加速了城市与农村之间的交流，导致农村常见传染病、寄生虫病传入城市，城市的某些传染病也易于传向农村，将会对疾病的城乡差异分布产生影响。

三、疾病的地区聚集性

患病或死亡频率明显高于周围地区的情况称为地区聚集性（clustering）。研究某种疾病发病的地区聚集性往往可为探索该病的病因提供重要的线索。

北京医科大学连志浩等曾于1973年调查了甘肃某地疑为脊髓灰质炎的下肢麻痹症流行情况。该病除在临床症状和体征与脊髓灰质炎不同外，在流行病学上尚有以下特点：①病例集聚在一个自然村庄，邻近的三个村完全不发病，病例呈灶状分布，说明没有传播给邻居的现象；②所有病例均查不出传染病接触史；③发病与水源无关；④发病时间高度集中，大部分病例发生在8月中下旬和9月上旬。综合上述各项流行病学特点，有理由认为这次麻痹症不是传染病，可以排除医务人员原先怀疑的脊髓灰质炎，而可能是某种中毒性疾患。后经进一步的流行病学调查，临床检验、治疗和动物实验，证实了这次"下肢麻痹症"是山厘豆中毒所致。

地区聚集性还可提示局部环境污染的存在，特别是当聚集发生的局部地区有某些被怀疑的污染源时，如垃圾场或工厂。

四、地方性疾病

当一种疾病在一个地方或一个人群中相对稳定且经常发生，无需自外地输入，称为地方性疾病，也称地方病（endemic disease）。从广义上看，由各种原因所致的具有地区性发病特点的疾病均属地方病。在我国地方病指与当地水土因素、生物学因素有密切关系的疾病，其病因存在于发病地区的水、土壤、粮食中，通过食物和饮水作用于人体而致病。

第五节　疾病的时间分布

从时间角度来看，疾病现象都不是恒定的，而是经常在随着时间发生变动。随着时间的推移，病因的种类或分布也发生变化，围绕人群的环境也在发生变化，个体也从发育、成熟到衰老，同样改变着人群的易感性。疾病的时间分布是其流行过程的重要表现形式，它的背后隐藏着大量的影响和决定疾病发生过程的信息。研究疾病的时间分布是流行病学研究中最基本最重要的一个方面，不仅可提供疾病病因的重要线索，也可反映疾病病因的动态变化，同时还有助于我们验证可疑的致病因素及其与该种疾病的关系。

在一定时间内，传染病发病率随时间的变化较为明显；一些慢性病的发病率则短期内可呈稳定状态，但若经长期观察，也可获得发病率变动或变动趋势的资料。

疾病的时间分布可以分为几种类型：短期波动、季节性、周期性、长期趋势。

一、短期波动

疾病的短期波动（rapid fluctuation）是指某时点的流行或暴发。暴发一词常用于具体的小人群，短期波动或时点流行往往用于较大数量人群。此种原因多为由于许多人在短期内接触同一致病因子所致，由于潜伏期不同，发病有先后之分，大多数病例发生日期在疾病的最长和最短潜伏期间，即常见潜伏期。发病高峰与该病的常见潜伏期基本一致。由此，可从发病高峰推算暴露日期，从而发现其原因。

二、季节性

有些疾病尤其是传染病的发病呈现出每年在一定的季节增高的特点，这一现象称为季节性（seasonal variations）。传染病多有明显的季节性，而虫媒传染病的季节性最为分明。相对地，非传染性疾病发病的季节性不明显，但个别疾病如脑血管疾病也可有季节性。

研究疾病的季节性，可使我们了解其流行特征，探索影响流行的因素并进而采取有效的预防措施。如上海医科大学流行病学教研室在分析了上海市 1950～1958 年伤寒、副伤寒发病资料时，发现 1950～1954 年上海市伤寒发病率每年有两个高峰，一个在 4～6 月间，占全年发病数的 40%～70%，以儿童为主；另一个高峰在 7～8 月间，以青壮年为主。经过流行病学调查，证实前一高峰是由于 3～5 月间大量受地面水污染的荸荠所致。1955～1959 年间逐步加强了食品摊贩的卫生管理，故自 1959 年起，上海市伤寒 4～6 月间发病高峰即行消失。

疾病的季节性变化的原因颇为复杂。目前除对一些虫媒传染病的发病季节性有了比较清楚的认识外，有许多现象尚无满意的解释。气候条件，媒介节肢动物、野生动物和家畜的生长繁殖和习性，居民的活动、风俗习惯、生活方式、生产条件及文化卫生水平，人们接触病原因子的机会及人群易感性的变化等都能影响发病的季节性。

三、周期性

周期性（cyclic fluctuation）是指疾病发生频率经过一个相当规律的时间间隔，呈规律变动的状况。严格地讲，季节性也是一种周期性表现。了解疾病的周期性变化规律，不仅有利于对致病因素的探讨，同时对预测疾病的流行及制定相应的防治对策也非常重要。疾病周期性的变化多见于呼吸道传染病，而有效的预防接种措施可以改变它们的周期性流行特点，如白喉、麻疹。

在自然条件下，呼吸道传染病流行并不是在所有易感人群全部感染后才告终止，而是当一定比例的易感人群被感染并获得免疫后，疾病的流行趋势即行减弱，此时发病水平较低。间隔一定时间后，当易感人群累积到一定比例后，再次导致疾病的流行。影响两次流行间隔年限长短的因素很多，主要有上次流行后易感者在该人群中所占的比例和新易感者的累积速度和数量。

疾病周期性出现的原因及必备的条件：①有足够的易感者，且缺乏有效的预防措施；②易于实现的传播途径；③病后可形成稳固的免疫力；④病原体的变异速度。

四、疾病的长期变异趋势

长期趋势（secular trend），是指在对疾病临床表现、发病率或死亡率的动态进行的连续数年乃至数十年的观察中发现的长期变动趋势。对疾病长期趋势的观察，可为揭示流行因素、考核防治效果、修正防治措施等提供重要的参考依据。

某人群中某种疾病发病率在一段时间内发生巨大变化，可表明非遗传性因素是这种疾病的主要病因。例如，20十世纪上半叶，美国冠心病发病率大幅度升高，随后又下降。这些变化清楚地表明，尽管遗传因素决定机体对不利因素是否易感，但环境因素包括膳食，是冠心病发病的主要病因。

产生疾病长期变异的原因有：①病因或致病因素发生了变化，这是疾病长期变异的主要原因；②传染病的抗原型别发生变异，因而导致的病原体毒力、致病力的变异和机体免疫状况的改变是传染病发生长期变异的主要原因；③疾病诊断与治疗水平的变化；④疾病登记报告制度的完善；⑤疾病分类标准的变化；⑥人口年龄构成的变化等。

研究疾病长期变异趋势的主要困难是：①疾病的诊断标准前后不一致；②治疗措施的进步；③资料累计不全等。

第六节　疾病的人群、地区、时间综合分布

在流行病学研究中，常常需要综合地描述、分析疾病的人群、地区和时间分布情况，只有这样才能全面获取有关病因线索和流行因素的资料。移民流行病学就是进行这种综合描述的一个典型。

移民流行病学是对移民人群的疾病分布进行研究，以探讨病因。它通过观察移民、移民国当地居民和移民原居地人群三者的发病率或死亡率的差异，从差异中探讨病因线索，区分遗传因素或环境因素作用的大小。其判断依据是：①若环境因素是引起某病发病率或死亡率差别的主要原因，则移民人群的发病率及死亡率将与原居地人群不同，而接近于移居地当地居民；②若遗传因素是引起某病发病率或死亡率差别的主要原因，则移民人群的发病率及死亡率将不同于移居地当地居民，而与原居地人群无差异。

移民流行病学研究常用于肿瘤、心脑血管病、糖尿病等慢性病和遗传性疾病的病因和流行因素的探讨，其中有关膳食的研究内容也很多，如膳食饱和脂肪与冠心病的关系、生活方式与乳腺癌的关系等。

中国尤其是广东人，其鼻咽癌发病率明显高于其他民族。为了了解鼻咽癌病因中的环境因素与遗传因素的作用，中山医科大学曾对定居在广州市的外省人和对定居在上海的广东人进行了调查。如表2-2所示，结果发现广州市广东人（东山区居民）的鼻咽癌年平均死亡率高于外省人。说明外省人虽迁居广州多年，但其鼻咽癌死亡率仍低于广州市本地居民。比较定居上海虹口区的广东籍人，虹口区、南市区和1972～1975年广州市越秀区居民恶性肿瘤死亡资料，如表2-3表明广东籍居民鼻咽癌死亡率高于虹口区和南市区居民，而低于越秀区居民的死亡率。根据以上资料，在研究鼻咽癌病因时，除考虑自然因素外，遗传因素是很重要的。但由于广东人和外省人的生活习惯不同，有些人员定居上海多年，尚有不少人至今仍保留着广东人的饮食习惯，这些因素是否与鼻咽癌发病有关，尚待进一步研究。

表2-2 外省人与东山区居民恶性肿瘤死亡率（1/10万）

肿瘤部位	外省人	东山区居民
肝癌	19.1	18.4
胃癌	11.8	10.2
食管癌	6.4	6.3
子宫癌	4.6	5.5
鼻咽癌	3.6	10.9
乳腺癌	3.6	2.6
白血病	2.7	2.6
其它	6.4	12.3

表2-3 广东籍人与上海虹口区及南市区及广州越秀区居民恶性肿瘤死亡率（1/10万）

肿瘤部位	广东籍人	虹口区	南市区	越秀区
胃癌	24.7	28.9	30.2	8.5
肝癌	19.8	31.0	19.2	17.8
鼻咽癌	7.1	2.7	2.4	9.2
食管癌	6.6	14.9	17.8	4.5
乳腺癌	4.4	3.9	3.4	3.1
子宫癌	3.8	5.7	6.7	5.3
白血病	3.3	3.2	4.0	2.7
其它	26.3	18.4	19.2	15.0

应当指出，移民是因各种原因移居外地或外国的。移民的年龄、性别、职业、文化水平和社会经济构成可能与本地或本国不完全相同，因此不能等同于本国居民。而他们移居到外地或外国后，个人间的工作条件和生活环境的差别亦较大，所以在解释移民疾病的研究结果时不能不受到一定的限制。虽然如此，研究移民人群的某些疾病分布的变化，对阐明环境因素和遗传因素对发病的影响仍有一定的价值。

（秦 颖 曹卫华）

第三章 流行病学研究方法概述

长期以来,流行病学作为预防医学中一门很重要的应用科学,在加深对传染病发生、发展规律的认识和控制、消灭传染病方面起了巨大作用,近些年来也在慢性病病因探讨和预防保健及卫生服务领域发挥着越来越多的作用。随着医学研究实践的需要,在学科不断发展的同时,也不断发展和深化了流行病学研究方法,使流行病学这一学科更为成熟。在本章中,我们将对流行病学研究方法的应用、方法学的分类等进行概述,以利于大家对以后各章节的具体流行病学研究方法有个总体的认识,然后再逐一学习如何应用这些方法。

第一节 历史回顾

流行病学作为与传染病的预防、控制的学科而应运而生之日起,就把传染病的防治研究作为主要任务。在前苏联引入我国的第一本流行病学教科书《流行病学总论》中,就明确指出流行病学的方法主要是观察的方法:包括单个疫区的调查,对流行或疫区的分析及相应的实验室检查。

北京医科大学流行病学教研室朱聃教授在我国苏德隆教授主编的第一本《流行病学》(1960 年)教材中把流行病学方法归纳为流行病学调查和观察、统计的方法和实验的方法。于是,在国内出现了观察法和实验法的概念。上海医科大学的苏德隆教授在 1964 年主编的《流行病学》中,将流行病学方法具体为:①报告登记法;②个案调查;③特殊调查;④实验室方法;⑤前瞻性和回顾性调查方法。进一步出现了研究的方向性问题。

著名的流行病学家 MacMahon 在其所著的《流行病学:原理与方法》中突出强调了流行病学方法在慢性病研究中的应用,并提出了病例对照研究、队列研究和干预研究的方法。在北京医科大学流行病学教授钱宇平教授主编的《流行病学》教科书中,已开始意识到流行病学方法的分类及应用,并将流行病学研究方法分为:描述流行病学、分析流行病学、实验流行病学和理论流行病学四大类。

由此可知,流行病学方法的发展是随着流行病学研究领域的不断扩大,疾病预防和健康事业的不断发展和需要而不断发展、完善的。所以,流行病学研究方法是一个不断发展和应用的过程,而且,今后还会在实践中不断地发展、完善。

第二节 流行病学研究方法的应用

随着流行病学原理的扩大和流行病学方法的迅速进步,流行病学的用途也越来越广泛,它已实际上深入到医药卫生学和公共卫生事业的各个方面。流行病学研究方法的应用可以从以下几个方面进行概括:

(一)针对急性病主要是调查发病现场的环境和可能的致病因素等,发现在具体条件下该病继续传播或蔓延的条件及潜在危险,从而采取紧急措施,控制和扑灭疫情。比如,霍乱的暴发调查。除传染病外还可以是非传染病，如食物中毒，1998年初上海的甲肝暴发流行就是典型的例子。

（二）查明慢性病发病或死亡的分布情况，探讨危险因子以利预防。像吸烟与肺癌、高血压与冠心病等均是通过流行病学调查得以证实的。在第一章流行病学绪论中提到的对新疆"察布查尔病"的调查就是一个典型的通过分布来确定病因的例子。

（三）检验病因假说，进行科学的因果判断。我们知道分布描述常提供给我们病因线索，形成病因假说，但要验证它必须进行周密的设计，通过研究和运用病因推断技术进行因果判断。如前面提到的上海甲肝流行就进行了病例对照研究，结果证明食毛蚶者患甲肝危险性是不食者的23.18倍。此外，吸烟导致肺癌也是经过严格的分析流行病学加以验证的。

（四）进行现场试验，考核防治措施及其效果。例如，针对传染病的危害，我们采用了预防接种的防治措施，那么我们就要了解：①疫苗是否有效、安全；②对人群某病的防治效果如何。要回答这些问题就需要进行现场的试验。在没有进行大规模的麻疹疫苗接种前，麻疹的高发年龄是婴幼儿。在1960年以后，由于进行了大面积接种，使麻疹发病率明显下降，发病的人群分布特征也随之发生了改变，向大年龄组推移，这些都是流行病学调查的结果。除了传染病外，也可以进行非传染病防治措施、效果的评价，这就是人群的干预研究，如对某地区人群进行的高血压防治，就可以降低该地区的脑卒中和冠心病的发生率。

（五）评价居民健康状况，为卫生行政部门的决策提供科学依据。我们可以对居民进行静态的健康状况调查，了解该地区主要的公共卫生问题，从而有针对性地开展保健服务。如20世纪80年代末90年代初，北京市就宣布已率先进入老龄化社会，这就为我国卫生保健服务提供了一个重点人群。另外，由卫生部统计信息中心组织的全国居民健康状况调查和卫生服务需求调查都属于这一类研究。

（六）研究疾病自然史，提高临床治疗水平和加强预防工作。疾病在人群中也是有其自然发生的规律，这个规律简称为疾病自然史。通过对疾病自然史的研究，有助于早期发现和早期预防疾病，也有助于采取有效的措施以促进恢复健康。因此，对疾病自然史的研究既有理论意义也有实际意义。例如，我们通过疾病自然史的观察，了解到乙型肝炎有很大可能通过孕妇垂直传播给新生儿，故可以通过注射疫苗来早期预防。

由上述可见流行病学用途之广泛，既涉及疾病又涉及健康，既解决现实问题又深入研究，既考查局部的措施效果又评价决定全局的卫生工作，可谓广泛的触及到了公共卫生及保健工作的各个方面。同时，也不难看出，开展流行病学研究，不仅需要具备丰富的知识、灵活的思路，还有赖于严格的科研设计和方法。

第三节　流行病学研究方法分类

现代科学方法分类一般为两大类：一是观察法，就是对自然界的各种现象及其发生发展、变化规律加以客观地描述、归纳和总结，而没有任何人为的干预措施。二是实验法，就是人类通过不同的方法，手段对自然界的事物进行干预、改造和实验。根据这个分类，流行病学研究方法同样可以分为观察性方法和实验性方法。观察性方法包括了描述流行病学研究和分析流行病学研究；实验法包括了临床试验、人群干预实验等。由于流行病学方法的发展和自身学科特点的需要，目前比较公认的分类方法，一是按照流行病学研究设计进行分类，另一就是按照流行病学实际工作性质进行分类。故本章重点介绍这两大类分类及其具体方法。

一、按研究设计分类

按流行病学研究设计分类，一般分为四种方法，即描述流行病学、分析流行病学、实验流行病学和理论流行病学（见图3-1）。下面将分别简述之。

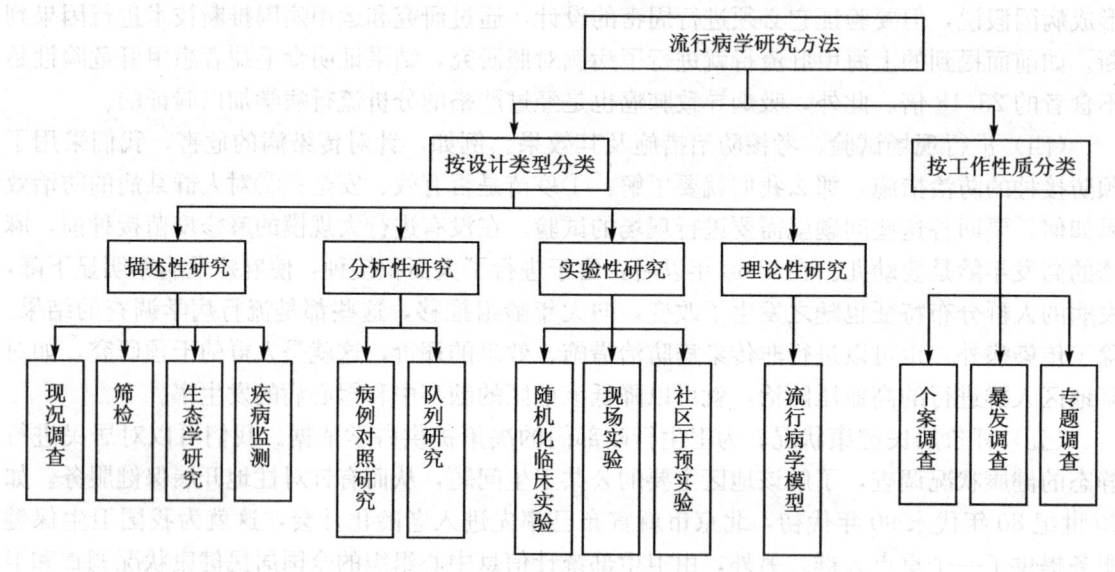

图3-1 流行病学研究方法分类示意图

（一）描述流行病学

又称描述性研究（descriptive study），它的主要任务是描述疾病和健康状况在人群、时间和地区的分布情况，以了解人群疾病或健康状况及其变化趋势。像疾病的分布特征，发病或死亡与外环境或人群某特征的关系，可疑致病因素的探索及对某些人群防治措施及其效果进行评价等。

描述性研究的基本方法是收集有关的资料，包括各种现有资料的收集（如人口统计资料、死亡报告资料、医院病案资料、生命统计资料等）和通过专门目的的调查所获得的资料。通过计算相应统计的指标和疾病率，并比较在不同时间、地区和人群中的分布情况，从而达到探索病因、评价防治措施及其效果的目的。描述性研究是流行病学工作者的基本任务，也是分析性研究的基础。

为了达到不同的研究目的，描述性研究可以采用不同的方法和手段。目前较多应用的有以下几种：

1. 现况研究，又称横断面研究（cross sectional study）。这是描述性研究最常用的方法，它是研究在特定时间与特定范围内人群中的有关因素与疾病或健康状况的关系。因此，现况研究的特点是在特定时间内调查每个人的情况，因是在特定时间内进行调查，故称横断面研究。又因收集的资料不是过去的暴露史，也不是将来的信息，故又称现况研究。这样研究时疾病和有关因素是同时存在的，故一般不能进行时间上的因果关系分析与判断。现况研究又包括普查与抽样调查两种方法。

2. 筛检（screening），其目的是早期发现和早期诊断病人。筛检是医疗卫生机构和研究人员运用快速检验方法主动地自人群中发现无症状病人的措施。筛检方法简单、敏感、廉价、易于实施，因此应用较广。

3. 生态学研究（ecologic studies），亦称对比调查研究。它是在群体水平上研究因素与疾病之间的关系，即以群体为观察、分析单位，通过描述不同人群中某种因素的暴露情况与疾病的频率，分析该因素与疾病的关系。从医学角度上看则是研究人群的生活方式与生存条件对健康（疾病）的影响。

4. 随访研究和疾病监测。在现况调查（或基线调查）的基础上，调查者往往感到对现况调查中某些重要疾病或指标进行长期、系统地观察是十分必要的，从而对一定的调查地区和人群进行某些内容的随访观察，系统地收集资料，从而发现疾病发展的趋势和分布的变化，并采取及时、有效的措施，这就是通常所说的疾病监测。目前，公共卫生监测已在全世界各国得到了普遍的重视和应用。

（二）分析流行病学

又称分析性研究（analystic study），有人又称"检验假设的研究"。它是在描述性研究的基础上，分析疾病和健康状态与可能的致病因素之间的关系，从而进行致病因素的筛选并形成和检验病因假说。与描述性研究不同，分析性研究的最重要特点就是在研究设计中设立了可供对比分析的两个组或者按疾病的有无进行分组，如病例对照研究或者按是否暴露于某因素或具备某特征进行分组，如队列研究。

分析性研究主要分为两大类，即病例对照研究和队列研究。

1. 病例对照研究（case-control study）：是指在疾病发生之后，以现在患有该病的病人为病例组，以未患有该病但其他条件如性别、年龄与病人相同的人为对照组，通过询问、化验比较或复查病史，按其既往各种可疑致病因素的暴露史，测量并比较病例组和对照组对各因素的暴露比例，进而推断可能的致病因素或验证病因假说。这种从结果（疾病）探索病因（病因或因素）的研究方法，由于时间上是由果及因的，方向上是回顾的，故又有回顾性研究之说。

由于病例对照研究所需样本量不大，资料易于收集，故应用相当普遍。但其缺点也是明显的，易于产生各种偏倚，详细内容可见第五章病例对照研究中相关内容。

2. 队列研究（cohort study）："队列（cohort）"一词最早是用来指在相同时期内出生，生活经历相同的一批人，在队列研究中队列是泛指共同暴露于某种因素或具有某种特征的一组人群。队列研究是将一定范围内未患病的人群按是否暴露于某因素（或具备某种特征）进行分组，随访一定的时间，比较两组的发病率或死亡率，以研究某因素或某特征是否与某疾病的发生或死亡存在着关系。这种研究是从原因（病因）随访观察到结果（疾病）的研究方法，从时间上看一般为前瞻性的研究，故有前瞻性研究之说。队列研究一般分为两类，一类就是从研究设计开始对两组进行前瞻性随访，称为前瞻性队列研究；另一类则是根据既往的暴露情况，将人群分为暴露组与非暴露组，把研究的起始时间倒退到以往某一时点，然后收集其结局资料并进行分析，称之为历史性队列研究。

队列研究因其研究的时间顺序是由因及果，故所得结果比较可靠，并可直接进行因果推断。同时，还可以进行一因多果的研究。但由于此类研究所需人数较多，时间较长，而失访又很难避免，故其应用受到了一定的限制。

（三）实验流行病学

又称实验性研究（experimental study）。实验性研究的核心特征是实验法而不是观察法，这是实验性研究不同于描述性研究和分析性研究的关键所在。实验流行病学的基本特点是：①它是前瞻性的；②必须施加一种或多种干预处理，作为处理因素可以是预防某种疾病的疫苗、治疗某病的药物或干预的方法措施等；③研究对象是来自同一个总体的抽样人群，并在分组时采取严格的随机分配原则；④必须有平行的实验组和对照组，要求在开始实验时，两组在有关各个方面必须相当近似或可比，这样实验结果的组间差异才能归之于干预处理的效应。

实验性研究目前主要分为以下几类：①以评价新药或新的治疗手段为目的的随机化临床试验（randomed clinical trial，RCT），是以医院为基础的，病人为主要对象的实验性研究；②以评价预防措施和手段为主要目的的现场实验（field trial），是以人群为基础的评价计划免疫措施和手段的方法，以健康人群或易感人群为对象的实验性研究；③以评价社会、行为干预措施及其效果，降低人群疾病发生率为主要目的的社区干预研究（community-based intervention program，CIP），是以社区人群为基础的，以病人、高危人群和/或健康人群为对象的实验性研究。这种研究多是对各种慢性非传染性疾病的人群干预研究。目前，流行病学的实验性研究发展很快，且应用十分普遍。

（四）理论流行病学

一般地说，该方法是以数学模型定量地表达疾病的流行规律，即疾病在人间流行过程中各种因素之间的内在数量关系和疾病的理论分布。这种用数学模型进行流行病学理论研究就称之为理论流行病学（theoretical epidemiology）。经典的理论流行病学研究主要用于阐明流行过程、检验病因假说、流行因素的参数估计、设计控制疾病的措施和提出理论性预测模型。1986年，北京医科大学钱宇平教授对该方法的研究内容给予了扩展，他认为还应该包括：①疾病防治和健康问题的策略研究；②医学伦理学的理论研究；③基层防病组织的形式和任务的理论研究；④经济效益的理论研究；⑤学术上的理论研究。故该方法已经明显突破了纯数学模型的理论研究，从而开拓了其宽广的应用前景。

二、按工作性质分类

概括地讲，流行病学研究方法按实际工作性质分类通常包括三个方面：个案调查（或病例调查）、暴发调查和专题调查（见图3-1）。

（一）个案调查

又称病例调查。对散发或暴发的传染病，为了搞清楚发病的原因，核实诊断，以便针对性地采取防疫措施，个案调查是十分重要的。其目的是调查该发病的"来龙去脉"，获得下列问题的答案：患者是如何被传染的？是在当地还是外地传染的？是否还有其他人有潜在的发病危险？从而采取紧急措施，比如病人隔离、消毒、接触者检疫以及宣教等，以防止或减少类似病人发生，控制疫情发展。该方法实际是流行病学调查中的横断面调查在现场的应用。

在"三年困难时期",北京西城区发生布鲁杆菌病的实例表明了个案调查的作用及其实际意义。两例病人以"不明热"收入某大医院观察。经过两个星期,仍诊断不清。经防疫站和北京医科大学流行病学教研室专家的调查,原来,在患者居住的胡同里,群众曾自行屠宰过一头从外地带来的羊。邻居自行剥皮和分割肉块,而且在烹制过程中"生熟不分";暴露时间与发病日期之间,正符合布鲁杆菌病的一个潜伏期。况且经反复的血清学试验,符合该病的诊断。后来,又有另两名患者出现了类似的情况。当然,在一般情况下不必对每个病例进行病例调查,但是有时进行病例调查对分辨疾病的临床型和鉴别系本地发生或外地传入,有实际的流行病学意义。

(二) 暴发调查

暴发调查是流行病学工作者在实际中应用十分广泛的一类调查,它既可以进行传染病的暴发调查,也可以进行非传染病的或原因未明疾病的调查。同时,也可以进行各类中毒发生的调查。通常,此类调查都有时限性的要求,并要有应急的防治措施,所以一般比较复杂或需有经验的卫生防疫人员进行调查。但总的调查思路都是一样的,现简述如下。

1. **核实诊断,确证暴发。** 对于初步报告所提出的诊断仍需根据病史、临床检诊、该病的流行病学特点和实验室检验结果再次进行核实,对一时尚不能明确诊断的疾病,也需提出具体而明确的做法,以保证迅速地作出正确诊断。同时,根据现场掌握的病情资料,排除无关或错误的信息,判断是否确为暴发及暴发的严重程度如何。

2. **初步调查,弄清暴发的确切情况,形成进一步调查的假设。** 在确证暴发之后,应迅速弄清本次暴发开始的时间,发展过程,查明暴发病例的确切数目,按年龄、性别、职业及特殊暴露史等计算人群中的疾病率,并根据发病时间、地区绘制病例的分布图。即进行疾病暴发的时间、地区和主要的人群特征的描述,从而推测可能的暴发原因(如传染源、传播途径等),并据此形成假设,以便开展进一步的调查验证暴发原因的假设。以传染病为例,就是要搞清传染源以及此次暴发的传播途径。

3. **尽快采取可能的措施,控制暴发。** 由于暴发的病例比较集中,而且往往有共同的传染源或传播途径,如不及时控制,则新病例会不断发生。因此,需在初步调查的基础上,尽快采取必要可行的措施,以防止其扩大。如肝炎病人的隔离,食物中毒可疑食物的停售等。采取措施时包括采集现场标本(如食物、水样等),否则错过时机,不利于确证暴发原因。值得注意的是在某些特殊紧急情况下或暴发的基本情况较明确时,不必等到初步调查结束就应先采取积极的措施控制暴发。

4. **进一步深入调查,验证假设。** 在完成上述步骤的基础上,可采用专门拟制的调查表或调查提纲,对全部病例,有时也需要对受到病因作用而未发病的人群通过访问、检查或自填表的方式,进行深入调查,主要内容包括:①姓名、性别、年龄、职业等;②发病时间;③主要症状、体征、病程与诊断有关的实验室检查结果;④居住、饮食、生活情况;⑤近期社交情况。调查内容可以是根据初步调查结果考虑到的有关任何情况。同时要收集当地既往流行病学资料以及人口、地理、生态、气象、社会、民族环境并进行必要的实验室检查运用对比的方法对收集到的各种资料进行分析,可按时间、地区和人群的不同特征进行分组、列表、制图,并计算所需的各种疾病率指标,再次确定或修正初步调查所描述的暴发情况。通过资料的对比分析,特别是病例对照研究与群组研究的方法,确定暴发的来源,传播因子及促成暴发的因素,即检验了有关暴发原因的假设。

传染病的暴发常由某共同因素引起；不同传播途径的传染病暴发或流行,也常有其不同的流行病学特点,掌握这些规律将有助于我们进行暴发调查并确定传播途径和推断传染源。下面列举一些供参考。

（1）呼吸道传播：传染病经由空气飞沫传播,一般说来传播迅速广泛,短时间发病率可升至很高；常在冬春季发生；儿童的患病率高；与居住条件、交通、人群聚集交往有明显关系。

（2）节肢动物媒介传播：此类传染病暴发常与动物孳生条件和繁殖季节的影响有关,故有一定的地区性和季节性。如暴雨后蚊虫增多导致疟疾暴发；冬天不能勤洗澡换衣,集体生活人群中易引起斑疹伤寒暴发。

（3）水源传播：包括经水传播和疫水传播两种途径。经饮水传播的传染病其病例分布往往与供水范围一致,有饮用同一水源史；各年龄均可发病；饮水量多者罹患率高；暴发曲线常呈尖耸的高峰状,高峰距水源污染的时间与该传染病的潜伏期相一致；对水源采取措施后暴发很快平息。接触疫水传播的传染病患者均有疫水接触史；且具有地区性、季节性和职业特点；大量新迁移至疫区的易感人群发生易发生暴发；对疫水采取措施或加强个人防护即可控制病例的发生。

（4）食物传播：经食物传播的传染病暴发,病人均有吃了被污染食物史,不吃者不发病；疾病常为突发,潜伏期短,病情重；停供该污染食物暴发可很快平息；其暴发曲线与水源性暴发十分相似。

5. 暴发调查结论与报告。根据全部调查材料及防治措施的效果观察,对暴发诊断的病因、促成因素或传播途径、经验教训等作出结论,并写成书面报告。报告的主要内容有：本次暴发的一般情况,包括人数及范围,暴发疾病的诊断及流行病学特征,如果是传染病则应明确讨论传染源和传播途径及其易感者,分析造成暴发的可能因素,在暴发发生后所采取的控制措施及其效果,并根据本次暴发提出防止类似事件发生的建议。一次成功的暴发调查或原因未明疾病的调查,在流行病学上是具有一定学术价值的,而且能为某些疾病的防治甚至消灭作出巨大的贡献。

可见,从方法学角度,暴发调查是描述性研究或现况调查在实际中的应用,根据不同情况,有时还包括病例对照研究或队列研究的应用。这后两种工作内容往往给调查结果带来较高的质量和可信性。

（三）专题调查

专题调查,就是根据实际工作需要,进行专门的调查。通常,这种调查的覆盖面较小,不可太复杂,而且必须在短期内完成。其调查方式也不拘一格,例如查阅和统计分析某些医院、疾控部门、保健及地方病机构的常规资料等。有时也可进行小规模的实地调查或采取一些生物或环境标本进行化验。有时在已经建立了疾病监测系统的地方,还常进行一些统计分析,作为专题调查的辅助或补充。从流行病学研究方法上说,专题调查通常采用的就是描述性研究方法,比如,为了进行某社区的诊断,以便开展慢性非传染性疾病的防治和干预工作,就可以进行社区慢性病基线调查。但如果是为了评价某地区计划免疫工作开展的好坏,就可以进行干预效果的流行病学评价实验,即实验性研究。所以,专题调查主要是根据工作需要和目的,选择相应的流行病学研究方法,并在调查前要有严格的调查设计。

三、流行病学研究方法的选择

一项流行病学工作能顺利完成并达到预期的目的，其中关键的因素之一是选择好的方法。我们已经知道了流行病学方法的种类，那么怎样从中选择好的方法呢？应该说，这些方法类型之间没有好坏之分，只要与工作或研究的性质和目的配合的恰当，任何的方法都是好的。选择恰当的流行病学研究方法类型需要有三个前提：

1. 研究工作的目的要明确。
2. 对流行病学各种方法的特点及其适用性有充分的认识。
3. 对实施研究课题的主客观条件要有正确的估计。

总之，各种方法各有其适当用途，用得恰当就都能起到其应有的作用。

（黄爱群　胡永华）

第四章 描述性研究

描述性研究（descriptive studies）又称描述流行病学，它是流行病学调查研究中最常用的一种类型。描述性研究是指利用已有的资料或对专门调查的资料包括实验室检查结果，按不同地区、不同时间及不同人群的特征进行分组，把疾病或健康状况的分布情况真实地描绘、叙述出来的一种方法。

描述性研究是流行病学研究的基础步骤。当对所研究的疾病或健康状况了解不多的时候，往往从描述性研究着手，获取与该病或健康状况相关的基本分布特征，为进一步研究提供基础性资料。描述性研究属于观察性研究，即在研究中只是客观真实地记录、描述、采集各种信息，没有人为加入的干预措施。描述性研究不设立专门的对照组，因而不能确定所研究的因素和效应（疾病、健康）之间的联系。

描述性研究在方法分类上主要包括现况研究、筛检和生态学研究等。

第一节 现况研究

现况研究（prevalence study）是指在一个特定的时间点或期间内对一个特定人群某种疾病或健康状况进行的调查研究，在部分文献中它被称为现况调查。现况研究所收集的资料不是被调查人群过去的历史记录，也不是多次随访的结果，而是调查当时的客观情况，这也是它得名现况研究的缘由。从时间序列角度讲，现况研究是在特定时间对特定事件的调查研究，所收集的资料反映该时间断面的状态，因而它又被称为横断面研究（cross-sectional study）。现况研究在描述疾病或健康状况的水平时主要用的是患病率指标，因此它还被称为患病率研究。

现况研究是描述性研究最主要的方法，它直接体现描述性研究的方法学特征和应用范围。

一、现况研究的应用范围

1. 了解特定疾病或健康状况在特定时间、地区及人群中的分布特征。
2. 了解特定人群及其环境中的某些因素与特定疾病或健康状况的分布，通过分析比较，探索它们之间的联系，以获得有关病因的启示，并逐步建立病因假设。
3. 通过对一个社区疾病与健康状况的调查，可找出该社区的主要卫生问题，为卫生行政部门制定防治措施，合理配置卫生资源提供决策依据。
4. 鉴别、确定高危人群，早期发现、诊断病例并使其能够得到及早治疗。
5. 在实施一项防治措施前后进行现况研究，以考核防治措施的效果，例如对监测以及预防接种效果进行评价。

二、现况研究的种类

现况研究根据获取样本的方式分为普查（census）和抽样调查（sampling survey）两类。

（一）普 查

1. 普查的概念

普查是指对研究所确定的调查范围内的全部观察对象（总体）进行的调查。在流行病学研究中，普查通常是在一个特定时间点或期间内对全部观察对象某种疾病或健康状况进行的调查。

2. 普查的目的

普查的目的主要是为了疾病的早期发现和诊断，使其得到及早的治疗，如高血压普查、乳腺癌普查等；还有就是找出某种疾病的全部病例，以隔离传染源。

3. 普查的优缺点

（1）优点：普查除了可以早期发现病人、找出全部病例外，还可以普及医学知识；另外由于普查是调查某某人群的所有成员，所以在确定调查对象上相对容易，且没有抽样误差，可以获得观察对象多种疾病或健康状况的全貌。

（2）缺点：普查由于调查的人员多，调查技术和检测方法的标准难以统一，容易影响调查的质量；由于普查对象多，调查期限短，难以避免遗漏情况发生；另外，普查不适用于患病率较低以及检测技术较复杂的疾病。

（二）抽样调查

1. 抽样调查的概念

抽样调查是指从研究所确定的全部观察对象（总体）中抽取一定数量的观察对象组成样本，根据样本信息推断总体特征的一种调查方法。在抽样调查中，通常采取随机抽样的方法选取样本，使样本信息对总体具有较好的代表性。

2. 抽样调查的优缺点

（1）优点：抽样调查可节省时间、人力和材料。调查容易做到深入、仔细和准确。

（2）缺点：抽样调查的设计、实施以及资料的分析都较复杂；另外抽样调查的重复及遗漏不易被发现。

3. 抽样的方法

在流行病学调查中，抽样方法主要有单纯随机抽样（simple random sampling）、系统抽样（systematic sampling）、分层抽样（stratified sampling）和整群抽样（cluster sampling）。

（1）单纯随机抽样

这是最基本的抽样方法。采用此抽样方法，需先将所有观察对象（总体）逐一编号，然后采用随机数字表或者抽签等方式选取一定数量的观察对象组成样本。此抽样方法通常只适用于观察对象数目不大的情况。如果观察对象太多，对所有观察对象逐一编号在实际工作中难以做到。

（2）系统抽样

系统抽样是先将全部观察对象按一定顺序分成n个相同的部分，然后从第一部分随机选取第 k 号观察对象，并依次以相等的间距，从以后的各部分中抽取一个观察单位组成样本。简单地讲，系统抽样是按照一定顺序机械地每隔一定数量的观察对象抽取一个观察对象，因而又被称为间隔抽样、机械抽样或等距抽样。

（3）分层抽样

分层抽样是先将研究对象按某种特征（如性别、年龄或居住地等）分层，然后再在各层中进行随机抽样组成样本。在确定了样本总量后，从各层中抽取样本有两种方式：①各层抽样比例相同，如每层均抽出 10% 的研究对象，称为等比例分层随机抽样，此方法实施简单。②依据各层的特点，确定各层内抽样比例，称为不等比例分层随机抽样，此方法可使样本具有更好的代表性，减小抽样误差。但不等比例分层随机抽样的实施，首先需要对各层内的情况有一定了解，其具体实施过程也较复杂。

（4）整群抽样

整群抽样是从要调查的总体中抽出部分群体，如城市的某些街道、学校的某些班级，然后对这些群体中的每个个体进行调查。在实际工作中整群抽样较方便且易为群众所接受，还可节约人力、物力，但最主要的缺点是抽样误差较大。

在实际抽样研究中常常同时使用上述两种或多种抽样方法，例如要调查某县成年人中糖尿病的患病情况，在抽样时，第一步可在全县所有乡中随机抽取若干有代表性的乡，第二步可在被抽中的乡中随机抽取若干有代表性的村，第三步对被抽中村的全部成年人进行全面调查。这种抽样形式被称为多级抽样（multistage sampling）或者多阶段抽样。多级抽样是大型调查时常常采取的一种抽样形式。多级抽样的主要优点是可充分利用各种抽样方法的优势，节省人力、物力。其主要缺点是需要事先掌握各级抽样单位的基本情况，其抽样设计与实施较复杂。

4. 样本大小

抽样调查的样本大小（sample size）是抽样调查设计时必须考虑的问题。样本过大或过小都是不恰当的。样本过大不单是浪费人力、物力，而且工作量过大容易造成因调查工作不细致带来的误差。样本过小影响其代表性。在率的抽样研究中，样本大小主要取决于两个因素：①预期现患率（或阳性率），预期患病率高，则样本可以小些。②对调查结果精确性的要求，精确性要求愈高，即容许误差愈小，则样本要大些。样本量的估计的公式为：

$$N = \frac{u_\alpha^2 \pi (1-\pi)}{\delta^2}$$

式中 π 为总体的患病率，N 为样本量，δ 为容许误差，即样本的患病率与总体的患病率之差，u_α^2 为一定检验水准所对应的 u 值，可以查标准正态曲线下的面积表得到。在实际工作中为计算方便起见对上式进行变换得到：

当对容许误差要求 $\delta=0.1\pi$，$\alpha=0.05$ 时 $u=1.96 \approx 2$ $N=400 \times \frac{1-\pi}{\pi}$；

对均数的抽样研究其样本量的估计的公式为：

$$N = \left(\frac{u_\alpha \sigma}{\delta}\right)^2$$

式中 σ 为总体的标准差，其余符号同上。

5. 误　差

由于各种原因，调查的结果（测量值）常常偏离真实的情况（总体参数、理论值、真实值),其间的差异被定义为误差(error)。根据其来源的不同,误差又被分为随机误差(random error)和系统误差(systematic error)。

(1) 随机误差:随机误差即抽样误差,它来源于观察对象的个体变异,是抽样产生的样本统计量与总体参数的差异。在抽样过程中,即便采用了随机抽样的方法,样本统计指标与总体参数仍然存在着差异。其原因就在于观察对象间的个体变异,而且样本又未包含总体的全部信息所致。此外,不同的抽样方法从同一总体中抽取相同数量的样本,抽样误差大小也不同。一般来说,各种方法的抽样误差由大到小依次为:整群抽样、单纯随机抽样、系统抽样、分层抽样。若用同一抽样方法,则抽样误差的大小主要取决于观察对象间变异程度的大小和样本含量的多少。抽样误差是无法避免的,但可以估计和控制。

(2) 系统误差:系统误差在流行病学研究中又被称为偏倚(bias),它不是由随机抽样所引起的,而是由某些不能准确定量但较为恒定的因素所引起,其结果导致测量值系统地偏离总体的真值。系统误差可以来自研究的设计、实施和资料收集分析的任意一个阶段。系统误差无法靠统计方法来消除,因而必须尽力防止其发生。

三、现况研究中常见的偏倚及其控制

在现况研究中常常存在如下几种偏倚:

1. 无应答偏倚

无应答偏倚是指一些研究对象没有按照研究设计对被调查内容予以应答(回答、反馈),而这些研究对象在某个或某些研究因素上与应答者存在差异,由此造成的调查结果与真实情况不一致而产生的偏倚。

2. 回忆偏倚

回忆偏倚是指研究对象在回忆过去经历的或发生的事件时,由于记忆准确性和完整性的问题导致研究结果与真实情况不一致所产生的偏倚差。例如病人因曾患过某病而能够回忆起过去的暴露史,而健康人则常遗忘过去的暴露情况,由此可能带来回忆偏倚。

3. 报告偏倚

报告偏倚不同于回忆偏倚,它是指研究对象有意的夸大或缩小某些研究信息而导致的偏倚。例如在调查某些敏感性问题时,调查对象可能不愿意如实回答而造成报告偏倚。

4. 测量偏倚

在进行理化测量时,由于仪器不准、试剂不统一、实验条件不同,测量标准不统一等造成的测量结果不准确而引起的偏倚。

5. 调查员偏倚

在收集资料的过程中,由于调查员不恰当的调查方式、方法、态度等带来的偏倚,例如调查员对特定的研究对象有倾向性的收集某些资料。此外,对同一问题不同调查员的衡量标准不同或者同一调查员在不同情况下对相同问题的理解不同也会引起偏倚。

上述这些偏倚在设计现况研究时应预先考虑到并加以控制。控制的主要途径有:

(1) 在设计中明确规定为随机样本的,必须严格遵守随机化的原则选取研究对象,确保随机化原则的完全实施。

(2) 提高研究对象的依从性和受检率。

(3) 选用精良的仪器设备并事先做好调试。在整个调查中所用试剂力求一致,以消除可

能引起的差异。

（4）严格训练调查员，做好调查员培训工作，并对其进行监督和质量控制。

四、现况研究的资料分析

现况研究所获得的资料，应该仔细核查原始资料的准确性、完整性，差漏补缺，对重复的予以删除，错误的进行纠正；对资料中的每个变量从不同的角度进行描述，以便对调查结果有一个全面的了解；可以分析计算各种率的指标，就疾病或健康状况与各个研究因素进行单因素和多因素分析。

第二节 筛 检

在流行病学的人群研究中，通常涉及数量众多的研究对象，并且大多是表面健康的人，要在一个比较短的时间内检测某种疾病或健康状态，除了必须具备高效严密的组织管理，还要求所用的测量和检查方法简便易行，方能取得较理想的效果。然而，即使有些病有明确简便的诊断方法，如寄生虫病可通过找虫卵，乙型肝炎可通过血清的抗原抗体检查，但不是任何疾病都能很快做出诊断，常常是先找出该病的可疑对象，然后再对他们做进一步检查以便确诊，也即是要先对研究对象进行筛检。

一、筛检的概念及目的

（一）筛检的概念

筛检（screening）是指应用快速、简便的试验、检验或其他方法，从表面上无病的人群中查出某病的阳性者和可疑阳性者，指定就医，以便进一步诊断和治疗的一种方法。一般而言，筛检不具有临床确诊的目的和价值。筛检的模式见图 4-1。

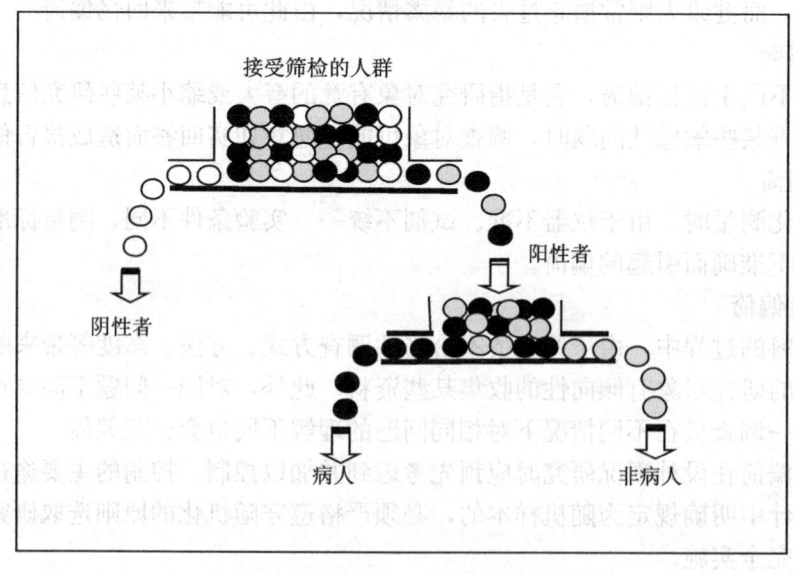

图 4-1 筛检模式图

（二）筛检的目的

筛检的主要目的是早期发现某病的可疑患者，以便进一步确诊，达到早期治疗的目的。早期治疗往往可以延缓疾病的发展，有较好的预后。例如检查尿糖筛检糖尿病，阳性者再进一步检查以确定诊断，及时得到治疗。此外，筛检可以提供人群的患病率资料。再者，利用筛检可以研究疾病的自然史。

二、筛检方法的评价

筛检方法的评价与其它大多数流行病学研究一样，其评价的核心体现"对比"的辩证法思想。通过把筛检方法与"金标准"——目前医学界公认的诊断某种疾病最准确的方法——进行比较，以此来评价和确定筛检方法的特性。具体地讲，在筛检方法的评价过程中，我们首先选择一个"金标准"，用"金标准"去筛选一定数量的患有和未患有某种疾病的研究对象，然后用被选的筛检方法再对这些病人和非病人做一次测试，将所获得的结果与"金标准"的诊断结果进行比较，用一些特殊的指标来评价筛检方法的特性。

三、筛检方法的评价指标

理想的筛检方法应该是对人体无害、操作简便、出结果迅速、费用低廉的方法。此外，从方法学角度，评价一项筛检方法应考虑筛检的真实性（validity）和可靠性（reliability）。

（一）真实性

真实性在一些书中又被称为准确度或效度。一般而言，真实性是指一种测量工具的实际测量结果与真值之间的接近程度。在筛检方法的评价中，真实性是指筛检方法的检测结果与"金标准"的检测结果的符合程度。可见，真实性反映的是筛检方法甄别个体是否患病和区分个体间是否相似的能力。通常，一项筛检方法的真实性由它的灵敏度（sensitivity，SN）和特异度（specificity，SP）来构建。

1. 灵敏度与特异度

灵敏度是指在"金标准"确诊的病人中新诊断技术检测出的阳性人数所占的比例。为了叙述和分析的方便，我们列出筛检方法评价结果表格，并约定，凡本章涉及筛检方法评价结果的整理，皆遵此形式且 A、B、C、D 意义相同（见表 4-1）。

表 4-1 筛检方法评价结果整理表

筛检方法		金标准		合计
		病人	非病人	
筛检方法	阳性	A	B	A+B
	阴性	C	D	C+D
	合计	A+C	B+D	N

利用表 4-1 中的符号，灵敏度用公式表达为：

$$SN = \frac{A}{A+C} \times 100\%$$

灵敏度的分子 A 代表的是筛检方法检测阳性而实际有病的人数，相对于"金标准"而言，它是真正的"阳性"，因此，灵敏度又被称为真阳性率（true positive rate）。

特异度是指在"金标准"确诊的非病人中筛检方法检测出的阴性人数所占的比例。利用表4-1中的符号，特异度用公式表达为：

$$SP = \frac{D}{B+D} \times 100\%$$

特异度的分子D代表的是筛检方法检测阴性而实际无病的人数，相对于"金标准"而言，它是真正的"阴性"，因此，特异度又被称为真阴性率（true negative rate）。

研究表4-1中的A、B、C、D四个格子可以发现，在病人中，筛检方法仅仅检出了A这部分病人，而漏掉了C。换句话说，筛检方法把C这部分病人错判为了"阴性"。计算被筛检方法错判为"阴性"的病人数占全部病人的比例，我们把它称之为假阴性率（false negative rate，FNR），或漏诊率，用公式表达为：

$$FNR = \frac{C}{A+C} \times 100\%$$

而且，假阴性率与灵敏度互补，即 SN＝1－FNR。灵敏度越高，假阴性率越低，反之亦然。

相应地，在非病人中，筛检方法仅仅排除了D这部分非病人，而误诊了B。换句话说，筛检方法把B这部分病人错判为了"阳性"。计算被筛检方法错判为"阳性"的非病人数占全部非病人的比例，我们把它称之为假阳性率（false positive rate，FPR），或误诊率，用公式表达为：

$$FPR = \frac{B}{B+D} \times 100\%$$

而且，假阳性率与特异度互补，即 SP＝1－FPR。特异度越高，假阳性率越低，反之亦然。

总结上述四个指标，灵敏度、特异度、假阴性率和假阳性率从不同的角度反映了筛检方法的真实性，是评价和选择筛检方法主要要考虑的因素。

我们总是希望找到一种筛检方法它的灵敏度和特异度都达到100%，但是，实际上常常难以如愿。这一个是与筛检方法本身存在缺陷有关，另一方面也与生物的复杂性有关。对于后者，我们可以用一些例子来说明。比如人的许多生理参数，常常是病人的参数范围与正常人的相互交叉、重叠，不能完全分开。

图4-2是青光眼患者和非青光眼患者的眼内压分布模式图。图中有两条曲线，左边的一条是非青光眼患者的眼内压分布曲线，眼内压值波动在14～26mmHg之间；右边的一条是青光眼患者的眼内压分布曲线，眼内压值波动在22～42mmHg之间。青光眼患者的平均眼内压高于非青光眼患者，且二者的眼内压值在22～26mmHg段重叠。

青光眼的确切诊断包括三个部分：眼内压升高、视神经萎缩和视野的典型缺损。由于检测眼内压具有经济、简便、快速和安全等优点，因而常常把检测眼内压作为青光眼初诊的手段。但是需要说明的是，以眼内压水平作为诊断青光眼的指标具有不确定性。因为眼内压水平在一天中并非恒定不变，尤其青光眼病人。而且，眼内压水平相同的人，眼内病理变化不一定相同，反之亦然。这也就是图4-2中青光眼患者和非青光眼患者的眼内压值在22～26mmHg段重叠的原因。

在青光眼的筛检中，如果以眼内压作为筛检指标，选择多大的眼内压值作为筛检的阳性

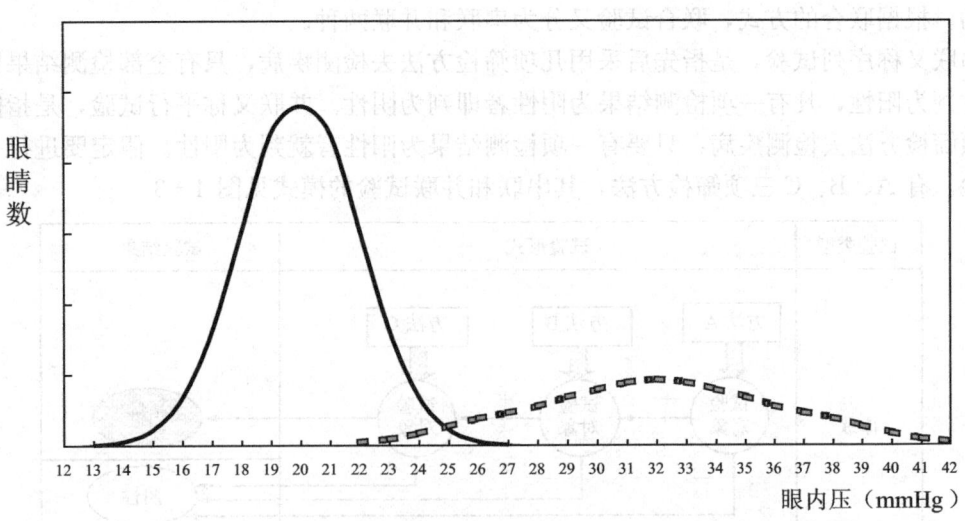

图 4-2　人群中青光眼患者与非青光眼患者眼内压分布

标准，或者称为分界点（cut-off point）直接关系到筛检的真实性。如果将筛检阳性标准定在 22mmHg，那么，所有青光眼患者将被判为阳性，即诊断的灵敏度为 100%。但是，眼内压在 22~26mmHg 之间的非青光眼患者也将被判为阳性，造成误诊，即筛检的特异度较差（不是 100%）；如果将筛检的阳性标准定在 26mmHg，那么，所有非青光眼患者将被判为阴性，即筛检的特异度为 100%。但是，眼内压在 22~26mmHg 之间的青光眼患者也将被判为阴性，造成漏诊，即筛检的灵敏度较差（不是 100%）。到底将筛检的阳性标准定在哪一点合适呢？这涉及到灵敏度和特异度的权衡问题。

从上述青光眼的例子可以看出，如果筛检的阳性标准值服从连续性分布，其筛检的灵敏度和特异度不是固定不变的，它随着筛检阳性标准值的改变而改变，并且灵敏度和特异度的变化方向是相反的，随着灵敏度的升高特异度下降，反之亦然。因此，在筛检中，我们很难追求灵敏度和特异度均高的筛检方法，通常是采取降低一定程度的灵敏度或特异度，以获得较高的另一方的策略。至于要牺牲哪一方，需根据筛检的目的和具体情况而定。

通常，选择灵敏度和特异度的原则是：

（1）如果疾病的早期或及时诊断将有利于病人的治疗和康复，漏诊将会造成严重的后果，并且有现成的治疗方法可供利用，病人从伦理和经济的角度可以接受，应将筛检的阳性标准定在高灵敏度的水平，尽量把病人检测出来。这类疾病如像结核病、梅毒和霍奇金病等。

（2）如果误诊将会对病人造成严重的心理、生理和经济上的影响，应将诊断的阳性标准定在高特异度的水平，尽量排除非病人。这类疾病如像恶性肿瘤、艾滋病等。

（3）如果漏诊和误诊同等重要，应将诊断的阳性标准定在灵敏度和特异度均较高的位置。

对灵敏度和特异度的选择是在不改变灵敏度和特异度的前提下的一种权衡，具有消极性。如果要想使筛检方法的真实性提高，需要通过其它途径来实现，例如联合试验。

2. 联合试验

所谓联合试验是指采用多个筛检方法去检测一种疾病，达到提高筛检的灵敏度或特异度的目的。根据联合的方式,联合试验又分为串联和并联两种。

串联又称序列试验,是指先后采用几项筛检方法去检测疾病,只有全部检测结果皆为阳性者才判为阳性,凡有一项检测结果为阴性者即判为阴性。并联又称平行试验,是指同时采用几项筛检方法去检测疾病,只要有一项检测结果为阳性者就判为阳性。假定要进行一次联合试验,有A、B、C三项筛检方法,其串联和并联试验的模式见图4-3。

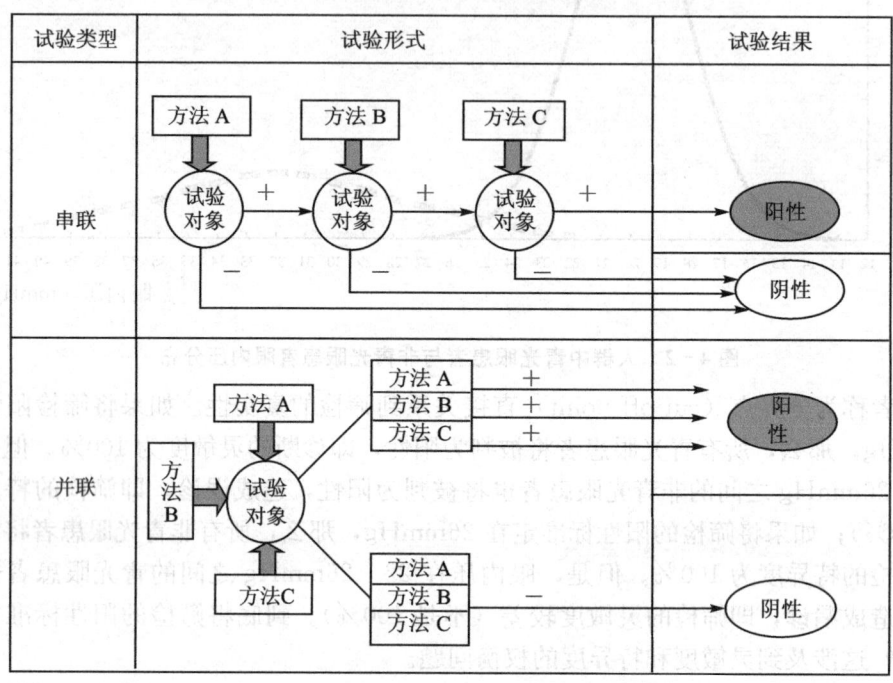

图4-3 串联和并联试验的模式

通过上图,我们对联合试验的两种形式有了直观的了解。但是,这不是目的。进行联合试验是想达到提高筛检的灵敏度或特异度。那么,到底联合试验将怎样对灵敏度和特异度产生影响呢?下面以乳腺癌的筛检为例加以说明。

例:某肿瘤医院对前来就诊的疑诊乳腺癌病人进行了联合试验,检测方法包括触诊、红外线扫描和X线摄片,检测结果见表4-2。

表4-2 乳腺癌检测的联合试验结果

检测结果			病人	非病人
触诊	红外线扫描	X线摄片		
+	+	+	8	7
+	+	−	6	10
+	−	+	2	3
+	−	−	2	9
−	+	+	38	21
−	+	−	1	1
−	−	+	26	21
−	−	−	6	40
合计			89	112

为了说明联合试验对灵敏度和特异度的影响，首先计算触诊、红外线扫描和X线摄片各自的灵敏度和特异度，在此为了与联合试验相区别，称之为独立试验。

(1) 独立试验的灵敏度和特异度

触诊：
$$SN = \frac{8+6+2+2}{89} \times 100\% = 20.22\%$$

$$SP = \frac{21+1+21+40}{112} \times 100\% = 74.11\%$$

红外线扫描：
$$SN = \frac{8+6+38+1}{89} \times 100\% = 59.55\%$$

$$SP = \frac{3+9+21+40}{112} \times 100\% = 65.18\%$$

X线摄片：
$$SN = \frac{8+2+38+26}{89} \times 100\% = 83.15\%$$

$$SP = \frac{10+90+1+40}{112} \times 100\% = 53.57\%$$

(2) 联合试验的灵敏度和特异度

串联试验：
$$SN = \frac{8}{89} \times 100\% = 8.99\%$$

$$SP = \frac{10+3+9+21+1+21+40}{112} \times 100\% = 93.75\%$$

并联试验：
$$SN = \frac{8+6+2+2+38+1+26}{89} \times 100\% = 93.26\%$$

$$SP = \frac{40}{112} \times 100\% = 35.71\%$$

从计算的结果来看，串联试验的灵敏度低于各独立试验的灵敏度，串联试验的特异度高于各独立试验的特异度。与此相反，并联试验的灵敏度高于各独立试验的灵敏度，并联试验的特异度低于各独立试验的特异度。可以得出结论：串联试验使特异度升高，灵敏度下降。并联试验使灵敏度升高，特异度下降。

除灵敏度和特异度外，反应筛检方法真实性的指标还有约登指数。

3. 约登指数

约登指数（Youden index）是将灵敏度与特异度相加再减去1，即

$$约登指数 = \frac{A}{A+C} + \frac{D}{B+D} - 1$$

它反映诊断技术发现病人和非病人的总的能力。约登指数的取值范围为0~1。约登指数越接近1，诊断技术的真实性越高，反之越低。

（二）可靠性

可靠性又被称为精确度、信度和可重复性。一般而言，可靠性是指在相同条件下针对同一事物，测量工具重复测量其结果的稳定程度。在筛检研究中，可靠性是指在相同条件下针对同一研究对象，筛检方法重复检测其结果的稳定程度或者一致性、重现性。筛检方法的稳定性反映的是筛检方法本身在重复测量中的变异，这种变异属于测量误差中的随机误差。其大小可定量为真值的方差与实测值方差之比。由于真值方差难以获得，故对于检测结果属于连续性分布的数据，实际工作常常用复测相关系数来反映，即积差相关系数或 Spearman 等级相关系数。具体评价方式是：在所有条件（包括影响灵敏度和特异度的因素）一致的情况下，用所评价的筛检方法对同一组研究对象做两次相同的检测，根据两次检测的数据做相关分析。对于检测结果属于非连续性分布的数据，通常采用 Kappa 值来评价两次检测的结果一致程度。分析过程请参考相关统计书，此处不再赘述。

四、筛检效果评价

对筛检效果的评价，一些书籍中称为"收益评价"。主要包括预测值估算、检出的新病例的预后、卫生经济学的评价等。

（一）预测值

什么是预测值呢？预测值可以界定为：应用筛检的结果来估计患病的可能性的大小。因为筛检结果分为阳性和阴性，且按照有关阳性者患病的可能性和阴性者未患病的可能性的需要，将预测值分为阳性预测值（positive predictive value，记为"PV＋"）和阴性预测值（negative predictive value，记为"PV－"）。很明显，前者是指筛检阳性者患病的可能性，后者是指筛检阴性者未患病的可能性。

阳性预测值和阴性预测值的计算公式可以表示为：

$$PV+ = \frac{A}{A+B}$$

$$PV- = \frac{D}{C+D}$$

以颅骨骨折的例子说明阳性预测值和阴性预测值的计算。

例：某国家急救中心在 1980 年以 500 名头部外伤的急诊患者作为试验对象，用受伤后失去知觉的时间长短、外伤严重程度和神经检查结果作为筛检指标，并最后用拍片检查以确诊有无颅骨骨折，以评价筛检效果。试验结果见表 4-3。

表 4-3 颅骨骨折筛检结果

		颅骨骨折	无颅骨骨折	合计
多项筛检指标	阳性	68	130	198
	阴性	18	284	302
合计		86	414	500

根据上述计算公式可得：

$$PV+ = \frac{A}{A+B} \times 100\% = \frac{68}{68+130} \times 100\% = 34.34\%$$

$$PV- = \frac{D}{C+D} \times 100\% = \frac{284}{18+284} \times 100\% = 94.04\%$$

从上述结果可知，筛检的阳性预测值为 34.34%，阴性预测值为 94.04%。前者表明在筛检阳性者中，34.34%的疑诊病人最后被确诊为颅骨骨折，或者说在筛检阳性者中有34.34%的人是真正的颅骨骨折病人，其余皆为假阳性。后者表明在筛检阴性者中，94.04%的人最后被排除颅骨骨折，或者说在筛检阴性者中有 94.04% 的人的确不是颅骨骨折病人，其余皆为假阴性。

筛检的预测值难以达到 100%，主要受到患病率以及筛检方法的灵敏度和特异度等的影响。以一项糖尿病的筛检为例来说明三者之间的关系。

例：有研究者利用血糖试验检测糖尿病患者，他选择了两个具有不同患病水平的人群，并同时选取两个血糖试验阳性标准值，筛检结果见表 4-4。

表 4-4 糖尿病筛检结果

患病率(%)	灵敏度(%)	特异度(%)	血糖试验结果	糖尿病	非糖尿病	合计	阳性预测值(%)	阴性预测值(%)
1.5	22.9	99.8	+	34	20	54	63.0	98.8
			-	116	9830	9946		
			合计	150	9850	10000		
1.5	44.3	99.0	+	66	98	164	40.2	99.1
			-	84	9572	9836		
			合计	150	9850	10000		
2.5	44.3	99.0	+	111	97	208	53.3	98.6
			-	139	9653	9792		
			合计	250	9750	10000		

表中数据显示，在患病率不变的情况下（1.5%），随着灵敏度的升高（22.9%→44.3%），特异度的下降（99.8%→99.0%），阳性预测值下降（63.0%→40.2%），阴性预测值上升（98.8%→99.1%）。在灵敏度和特异度不变的情况下（44.3%、99.0%），随着患病率由 1.5% 上升到 2.5%，阳性预测值上升（40.2%→53.3%），阴性预测值下降（99.1%→98.6%）。

对于预测值与患病率、灵敏度和特异度的关系，更一般的结论是：在灵敏度和特异度不变的情况下，随着患病率的升高，阳性预测值呈上升趋势，阴性预测值呈下降趋势。在相同患病率时，随着灵敏度的升高，阴性预测值上升；随着特异度的升高，阳性预测值上升。

（二）检出的新病例的预后

理论上讲，通过筛检发现的新病例应该较自然病程出现症状后自动就医而诊断的新病例在病程上要早，并且早发现、早诊断、早治疗带来的治愈率、阴转率和生存率等应该较高，死亡率应该较低。因此，可以通过比较筛检病例和自动就医病例的预后来评价筛检的效果。

（三）卫生经济学评价

卫生经济学评价主要从三个方面进行：①成本效果分析，即比较筛检投入的总费用与其获得的生物学效果的数量。②成本效益分析，即比较筛检投入的总费用与其获得的经济效益的比值。③成本效用分析，即比较筛检投入的总费用与其病人生活质量的改善之间的关系。

第三节 生态学研究

生态学是研究活的生物体与其环境的关系的一门学科。人类生态学则涉及不同人群如何受环境因素的影响及其相互关系的问题。环境因素不仅包括理化环境，还包括社会环境。从医学的角度来看，生态学则是研究人类的生活方式与生存条件对健康或疾病的影响及其相互关系。

一、生态学研究的概念及目的

（一）生态学研究的概念

生态学研究（ecology study）是以群体而非个体为观察单位，探讨人群某种疾病或健康状况的平均水平与某种因素在分布上的一致性和数量上的相关性的一种观察性研究。例如20世纪80年代Breslow等人在西方部分国家开展的啤酒消耗量与直肠癌之间的关系研究属于典型的生态学研究，结果见图4-4。图中数据为不同国家年人均啤酒消耗量（横轴）和年调整直肠癌发病率（纵轴）（由于空间位置关系，图中仅标注了部分散点的国家名）。

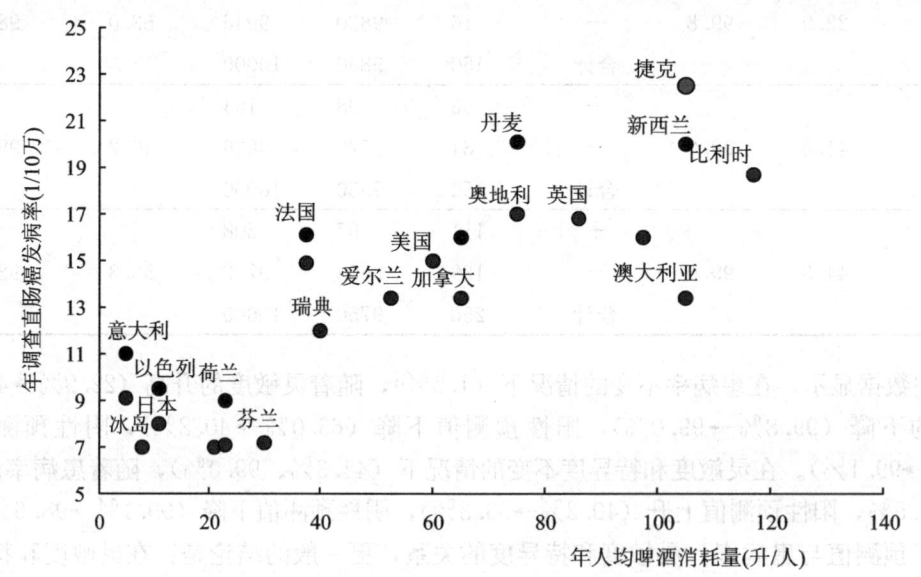

图4-4 部分国家啤酒消耗量与直肠癌的关系

从上述概念和实例可以看出，生态学研究与其他描述性研究方法存在一定的差异，主要表现在观察单位上。在生态学研究中，收集疾病或健康状态及其相关因素的资料时，不是以个体为观察单位，而是以群体为观察单位。通过描述某种疾病或健康状态在不同人群中出现的频率以及某个或某些因素在相应人群中所占的比例，分析该疾病或健康状态的分布与人群中该因素的分布的关系。而其他描述性研究，在收集疾病或健康状态和相关因素的资料时，是以个体为观察单位。通过分析个体的疾病或健康状况以探索其与某个或某些因素之间的关系。简言之，生态学研究是从群体的平均水平或状态来把握疾病与因素之间的关系，它所提供的信息是粗略的、简单的，它缺乏疾病或健康状态与因素之间的个体证据。因而，生态学研究只是一种粗线条的描述性研究。

（二）生态学研究的目的

通过描述、分析人群中某种疾病或健康状况与某种或某些因素之间的关系，可以为疾病病因研究提供线索。

二、生态学研究的优缺点

生态学研究常常是利用已有的资料，例如不同地区疾病的发病率、患病率或死亡率资料，以及该地区某些因素的登记资料、消耗资料、报告资料等开展研究，因而省时、省力、省钱。生态学研究的缺陷主要表现为生态学谬误（ecologic fallacy）或称"生态偏倚"（ecologic bias），即生态学研究的结果与个体水平上研究的同一疾病与某个因素之间的关系不一致或相悖。例如有人通过调查发现，城市社区中干洗店的数量与心血管病的发病率在分布上一致，从而得出干洗店是心血管病的危险因素。显然，这是一个错误。造成这种错误的原因是研究者把仅仅在数量上相关，而不可能在生物学上相关的两种事物联系在一起所致。这种相关实质上是一种表面上的相关，一种间接的相关。隐藏在背后的直接关系未被挖掘出来。例如上述例子，干洗店的数量只是一个表象，其背后的原因可能是经济、文化和人的行为的改变等因素，这些因素可能与心血管病的发生有关。

（任　涛）

第五章 病例对照研究

病例对照研究（case-control study）设计始于 19 世纪，但真正引起重视还是 20 世纪 50 年代，伴随着传染病的减少、慢性非传染病的增多，病例对照研究本身无论是在研究内容，还是在研究的手段、方式上都有很大的发展，得到了广泛的应用。作为分析流行病学中两种重要方法类型之一，病例对照研究主要用于探索疾病的危险因素，概括病因假说，也可用于初步检验病因假设。

第一节 概 述

一、定 义

在介绍病例对照研究的定义之前，需要先对在流行病学研究中经常提到的"暴露"进行解释。暴露（exposure）是流行病学的一个术语，指研究对象曾经接触过某些因素，或者具备某些特征，或处于某种状态。这些因素、特征或状态即为暴露因素。暴露因素可以是机体的特征，也可以是体外的；也可以是先天的、人体固有的，也可以是后天获得的。有人认为，研究者所关心的任何因素都可以叫做暴露因素。暴露因素可以是有害的，也可以是有益的。暴露因素也叫做研究变量。

病例对照研究是指在疾病发生之后，以现在患有该病的病人为一组（称为病例组），以未患该病但其它条件与病人相同的人为另一组（称为对照组），通过询问、体检化验或复查病史，搜集既往各种可疑致病因素的暴露史，测量并比较两组对各种因素的暴露比例，经统计学检验若判为有意义，则可认为因素与疾病间存在着统计学关联，在估计各种偏倚对研究结果的影响之后，再借助病因推断技术，推断出危险因素，从而达到探索和检验病因假说的目的。

例如，为了检验短肢畸形与母亲孕期服用反应停有无联系，调查 50 个短肢畸形患儿的母亲，同时以 90 个正常出生儿的母亲为对照，调查她们孕期反应停服用情况，结果见表 5-1。

表 5-1 反应停与短肢畸形的病例对照研究

服用反应停	病例组母亲	对照组母亲
有	12 (a)	2 (b)
无	38 (c)	88 (d)
	50 (a+c)	90 (b+d)

如果病例组的暴露比例 a/（a+c）显著地大于对照组的暴露比例 b/（b+d），本例即是如此（通过比较 12/50 与 2/90，得出 $P<0.01$），可以认为母亲孕期服用反应停与出生儿发生短肢畸形统计学上有关联，进一步再进行因果关系的推断。

二、特 点

病例对照研究有几个基本特点，部分特点可由研究设计结构式图（图 5-1）体现。

1. 属于观察性研究方法　研究者不给研究对象以任何干预，而只是客观地收集对象的暴露情况。这是分析流行病学方法的共有特征。

2. 设立对照　有专门设立的对照组，由未患所研究疾病的人组成，供病例组比较之用。

3. 观察方向由"果"及"因"　研究之始，是先有结果，即已知对象患某病或不患某病，再追溯其可能与疾病有关的原因。其调查方向是纵向的、回顾性的。

4. 不能证实暴露与疾病的因果关系　本方法受到回顾性观察方法的限制，不能观察到由"因"到"果"的发展过程并证实其因果关系，故只能推测判断暴露与疾病是否有关联。

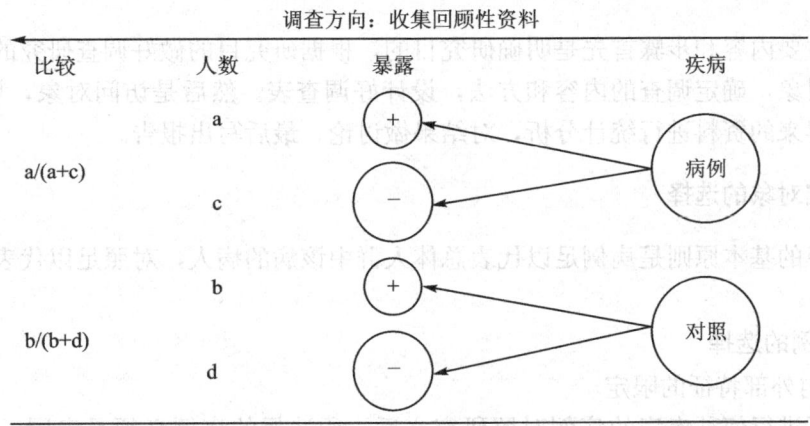

图 5-1　病例对照研究原理示意图

三、用　途

1. 广泛地探索疾病的可疑危险因素

如在一次食物中毒的暴发中，可以从食谱中逐一探索哪一种食物为可能致中毒的因素。冠心病的研究中，在病因不明的阶段，可广泛从机体内外诸因素中筛选可疑危险因素，如家族遗传史、个人患病史、饮食史、吸烟饮酒的历史、体力活动情况、职业史、经济情况和居住地等。

2. 深入检验某个或某几个病因假说

经过描述性研究或探索性的病例对照研究，初步形成了病因假说后，可以利用精心设计的病例对照研究加以检验。譬如经过探索，发现吸烟与肺癌的发生关系极大，环境污染也可能与肺癌发病有关。于是着重调查吸烟量、吸烟年限、吸烟方式、戒烟历史、被动吸烟、吸烟种类等有关吸烟的详细情况以印证吸烟与肺癌有关的假说。着重调查大气污染程度、住址居住面积、通风习惯、厨房通风程度、热源种类、从事炊事操作时间等有关因素，以考察暴露于空气污染的各种情况。

四、种　类

按研究目的分类

1. 探索性病例对照研究

这与病例对照研究的用途 1 相对应。它没有预先形成明确的某种假设，而是广泛地搜寻可能的危险因子，以便进一步形成假设供以后检验，它往往是病例对照研究的起步工作。在研究设计上，它不对病例和对照做特别的限制，只需随机抽取一定数量的两类研究人群的样本即可满足需要。

2. 检验性病例对照研究

这与病例对照研究的用途2相对应，它提出一个或几个明确的病因假说，通过对比调查，以检验其成立或不成立。它在研究设计上需要对病例或对照组作出较多的规定或限制。

第二节 病例对照研究的实施

实施的主要内容和步骤首先是明确研究目的，根据研究目的做好调查研究的设计，其中主要是选择对象，确定调查的内容和方法，设计好调查表。然后是访问对象，填写调查表。随后对调查得来的资料进行统计分析，对结果做讨论，最后写出报告。

一、研究对象的选择

对象选择的基本原则是病例足以代表总体人群中该病的病人，对照足以代表产生病例的人群总体。

（一）病例的选择

1. 病例内外部特征的限定

当明确了进行何种疾病的病例对照研究之后，所选择的病例必须是患同一种疾病的病人。而且患病部位、病理学类型、诊断标准都要有明确的规定，否则，病例中可能混入非病人或不同型别的病人，从而影响研究结果的真实性。病例的外部特征如年龄、性别、种族、职业等，选择时也要求有一个明确的限定，其目的是控制非研究因素以增强两组的可比性。

2. 病例类型

有三类病例可供选择，即新发病例、现患病例和死亡病例。首选新发病例，其优点是病人刚刚发病，对疾病危险因素的回忆比较认真而新鲜，提供的信息较为准确可靠。其缺点是对发病率低的病，短期内不易收集到足够的例数。使用现患病例的优点是可得到的例数较多，搜集资料较容易。缺点是病例对暴露史的回忆极易受患病后改变了的环境条件和生活习惯的影响，因而不易判断疾病的时间关系。而死亡病例由于是他人代为回忆，可靠性较差。

3. 病例的来源

一种是来源于某一或若干所医院及门诊部在一定时期内诊断的全部病例或随机样本。这种以医院为基础的病例的优点是，诊断较正确，容易得到，被调查者配合好，得到的信息较可靠，但偏倚较大。另一种来源是某一特定时间和地区，通过普查、疾病统计或医院汇总得到病例，然后选择所有的病例或其中的一个随机样本。这种以社区为基础的病例代表性强，但不易得到，实施比较困难。

（二）对照的选择

1. 对照选择的原则

对照的选择往往比病例更为困难和复杂。一方面要保证对照的代表性，即能代表产生病例的一般人群，另一方面还必须使对照与病例具有良好的可比性，即除研究因素外，可能影响发病的其他因素在病例组与对照组要尽量保持均衡。而且，对照应经过与病例相同的诊断确定不患所研究的疾病。

2. 对照的类型

设置的对照按是否与病例在某些因素上进行匹配分为两类。

一类是不进行匹配的对照，称为成组对照，即当对照来源确定后，用抽样的方法从该人群中随机选择足够的人数，没有任何其它限制与规定。这种不匹配适合于前述的探索性病例对照研究，实行起来容易，能获得较多的信息。

另一类是进行匹配的对照称为配比对照。匹配（match）就是要求对照组在某些因素或特性上与病例组保持相同，目的是进行两组比较时排除匹配因素的干扰，是一种限制手段，如以年龄做匹配因素，在分析比较两组资料时，可免除由于年龄大小而引起对发病率高低的影响，因而可以更清晰地说明其它因素与疾病的关系。这种方式选择对象时较复杂，分析资料较麻烦，也会损失一些有关匹配因素的信息，但其优点是能增加分析时的统计学检验能力。

配比对照按其匹配的方法分为群体匹配和个体匹配两类。

（1）群体匹配：也叫成组匹配（category matching）或频数匹配（frequency matching）。在选对照组时，使所要求匹配的因素在比例上与病例组中的一致。如病例组中男女各半，65 岁以上者占 1/3，则对照人群也如是。

（2）个体匹配：从对象人群中选择一个或以上的对照配给每一个病例，使对照在规定的特征上与病例相同。这个特征叫匹配变量。常用的匹配变量有年龄、性别、住址、出生地区、经济水平、民族等。匹配变量越多，对照选择越困难。而且容易造成匹配过头（over matching）的问题，即将不应该匹配的因素进行匹配，而导致研究因素与疾病间的关联强度降低，因此匹配变量一般不超过 4~5 个。例如一个病例选择一个对照，要求与病例同性别、同一年龄组、同一个县的居民、同一民族等。

一个病例配一个对照叫做 1：1 配对，配两个以上的对照叫做 1：M 配比。就统计效率而言，超过 1：4 就难使统计效率再提高，故配比一般不超过 1：4。

（3）对照的来源

第一来源是从一地的全人口中选择。当病例组系一地的全部或大部分病例时，可从当地未患该病的人中选对照。其优点是研究结论推及总体的可靠性大。缺点是选择和调查时都比较费事，应答率较低；第二个来源是从医院的其他病人中选对照。即在选病例的医院内选其他病人做对照，这样比较方便，且可与病例在相同的环境中接受调查，这种对照的应答率和信息的质量均较高；第三个来源是利用病例的配偶、同胞、亲戚、同事或邻居作对照，但要注意研究遗传因素为主的疾病时不宜选同胞、亲戚作对照，研究环境因素为主的疾病时，不宜选同事（工作环境）或邻居（居住环境）作对照。

3. 样本大小的估计

病例对照研究和其它抽样调查一样，常需要估计样本含量。即使是一个人群中某时期的全部病例，也需要估计其例数是否足以提供预期的相对危险度。

样本含量的大小取决于下列 4 个因素：①欲研究因素在对照人群中的估计暴露率 Po；②预期与该暴露有关的相对危险度（RR）或比值比（OR）；③所希望达到的检验显著性水平，即统计学检验假设所允许犯假阳性错误的概率 α；④所希望达到的检验把握度（1−β），β 为统计学检验假设所允许犯假阴性错误的概率。这四项数值确定之后，可用公式计算或从样本含量表中查得需要的病例和对照数。

(1) 成组对照样本含量的估计：成组对照样本大小可按下列公式计算：

$$n = 2\overline{pq}(U_\alpha + U_\beta)^2/(p_1 - p_0)^2 \qquad (公式5-1)$$

式中 n 为病例组或对照组人数，U_α 和 U_β 分别为与 α 及 β 值对应的标准正态分布的分位数，可以从表 5-2 中查出。p_1 与 p_0 分别为病例组及对照组估计的某因素暴露率

$$p_1 = p_0 RR/[1 + p_0(RR-1)], \overline{p} = 0.5(p_1+p_0), \overline{q} = 1-\overline{p} \qquad (公式5-2)$$

例 5-1 现设计一个研究吸烟与肺癌关系的调查，估计对照组吸烟史比例，即暴露比 p_0 为 20%，相对危险度 RR 约为 2，要求 α=0.05，β=0.1，求样本大小 N。
病例的暴露史 p_1 可用公式 5-2 估计

$$p_1 = (0.2 \times 2)/[1 + 0.2(2-1)] = 0.3333$$
$$\overline{p} = (0.2 + 0.333)/2 = 0.267$$
$$\overline{q} = 1 - 0.267 = 0.733$$

从表 5-2 中查得 U_α=1.96，U_β=1.282 代入公式 5-1

$$n = 2 \times 0.267 \times 0.733(1.96+1.282)^2/(0.3333-0.2)^2$$
$$= 232$$

即得每组需要调查约 232 人。

表 5-2 正态分布的分位数表

α 及 β	U_α（单侧检验） U_β（单侧和双侧检验）	U_α（双侧检验）
0.001	3.090	3.290
0.002	2.878	3.090
0.005	2.576	2.807
0.010	2.326	2.576
0.020	2.058	2.326
0.025	1.960	2.242
0.050	1.645	1.960
0.100	1.282	1.645
0.200	0.842	1.282

如查表 5-3，得 N=229，与公式法所得样本量非常接近。

(2) 个体配比样本含量的估计：在配比研究中病例与对照的每一个对子，存在着四种可能的暴露结果：病例与对照均暴露（+．+）、均未暴露（-．-），叉生暴露（+．-）即病例暴露对照未暴露及（-．+）病例未暴露但对照暴露。当进行 1:1 配比时，所需对子数可按下列公式计算。

$$m = [U_\alpha/2 + U_\beta\sqrt{p(1-p)}]^2/(p-1/2)^2 \qquad (公式5-3)$$
$$p = OR/(1+OR) \approx RR/(1+RR) \qquad (公式5-4)$$

式中　m 为结果不一致的对子数
则需要的总对子数 M 为

$$M \approx m/(p_0 q_1 + p_1 q_0) \qquad (公式5-5)$$

表 5-3　病例对照每组样本数（不匹配的，两组人数相等）α＝0.05（双侧）
β＝0.10

RR	p_0						
	0.01	0.1	0.2	0.4	0.6	0.8	0.9
0.1	1420	137	66	31	20	18	23
0.5	6323	658	347	203	176	229	378
2.0	3206	378	229	176	203	347	658
3.0	1074	133	85	71	89	163	319
4.0	599	77	51	46	61	117	232
5.0	406	54	37	35	48	96	194
10.0	150	23	18	20	31	66	137
20.0	66	12	11	14	24	54	115

(Schlesselman　1982 附表摘编)

p_0 为对照组的暴露比例，p_1 为病例组的暴露比例

$$p_1 = p_0 RR/[1+p_0(RR-1)], \quad q_1 = 1-p_1, \quad q_0 = 1-p_0$$

例 5-2　口服避孕药和先天性心脏病的配比病例对照研究中，对照暴露的比例是 $p_0 = 0.3$，α＝0.05（双侧），β＝0.1，估计 RR＝2 时，所需要的总对子数 M。

$$p_1 = 0.3 \times 2/[1+0.3(2-1)] = 0.46, \quad q_1 = 1-0.46 = 0.54, \quad q_0 = 1-0.3 = 0.7$$

还可用查表法获得研究所需样本数。表 5-4 和表 5-5 是在 α＝0.05 和 α＝0.01 时，把握度

$$m = [1.96/2 + 1.28\sqrt{2/3(1-2/3)}]^2/(2/3-1/2)^2 = 90$$

$$M = 90/[(0.3 \times 0.54) + (0.46 \times 0.7)] = 90/0.484 = 186$$

即不一致对子数为 90，本次研究共需总对子数为 186。

还可用查表法获得研究所需样本数。表 5-4 和表 5-5 是在 α＝0.05 和 α＝0.01 时，把握度＝0.90，单侧检验，人群中暴露者比例（以对照组暴露者比例为估计值）及与暴露有关的相对危险度不同时，配比研究所需的病例数。三行数字从上至下为病例与对照数之比是 1∶1，1∶2，1∶4 时所需要的病例数，对照数则按比例推算。例如，要求把握度为 90％，显著性水平为 5％，在人群暴露率为 50％而与暴露有关的相对危险度是 3 时，查表 5-4 可见所需病例数在病例对照数之比为 1∶1 时，是 70（对照也需 70 例），1∶2 时是 53（对照为 106），1∶4 时是 44（对照为 176）。显著性水平为 1％而其他条件不变时，可查表 5-5。

二、研究因素的收集与测量

病例对照研究的第二个重要步骤是收集与测量病例和对照的既往暴露史。

1. 暴露因素的规定

调查研究除收集姓名、性别、年龄、住址等一般资料外，主要是取得可疑暴露因素，例如：吸烟、职业史、接触某些化学物、农药、生活习惯、饮食、居住条件以及治疗史等。这些暴露因素必须在调查前有明确的规定。如调查服药史时，要具体规定服用哪些药，并且最好有定量或分级的规定。再如吸烟的年龄，不单是调查吸烟或不吸烟，还需要调查吸烟年数、平均

每天吸烟多少支、开始吸烟的年龄、是否有深吸的习惯等。对吸烟叶如何折算为纸烟支数等都应有规定。又如对接触化学物时如不能准确测定其暴露量，则可按工龄、开始接触的年龄、工种来分级。将暴露因素分级是很有意义的，它可能提供因素与疾病间的剂量反应关系。

2. 暴露因素的收集

病例对照研究的资料来源有医疗记录、登记报告、职业史记录、访问调查记录、通信调查表等。较多是由调查员使用调查表（也叫问卷）直接访问对象本人或其家属而获得。调查的项目必须把与发病有联系的因素包括在内，否则将导致失败。又不应加入根本无关的项目，否则徒劳无益。

表5-4 病例对照研究的样本含量　　$\alpha=0.05$　$1-\beta=0.90$（单侧检验）

RR	对照组暴露者比例										
	.01	.05	.10	.15	.20	.25	.30	.40	.50	.60	.70	.80
1.5	9090	1927	1039	749	610	531	485	442	442	479	570	778
	6758	1434	774	559	455	397	362	331	332	360	429	586
	5583	1186	641	463	377	329	301	275	276	300	358	489
2.0	2815	605	332	243	201	178	165	155	160	178	218	305
	2079	448	246	181	150	133	123	116	120	134	164	230
	1740	368	202	149	124	110	102	96	100	112	137	192
2.5	1493	325	181	134	113	101	95	91	96	210	137	195
	1097	239	134	100	84	75	71	68	72	82	103	147
	893	195	109	82	69	62	58	57	60	69	86	123
3.0	977	215	121	91	77	70	66	65	70	81	103	149
	715	158	89	67	57	52	50	49	53	61	78	112
	578	128	73	55	47	43	41	40	44	51	64	94
4.0	566	125	72	55	48	44	43	43	48	57	74	109
	405	91	53	41	35	33	32	32	36	43	55	82
	325	73	43	33	29	27	26	27	30	35	46	69
5.0	382	97	51	40	35	33	32	34	38	46	61	91
	277	64	38	30	26	25	24	25	29	35	46	69
	221	51	30	24	21	20	20	21	23	29	38	57
7.5	211	50	31	25	23	22	22	24	28	35	47	72
	152	36	23	18	17	16	16	18	21	26	35	54
	120	29	18	15	14	13	13	15	17	21	29	45
10.0	145	36	23	19	18	19	18	20	24	30	42	64
	105	26	17	14	13	13	13	15	18	23	31	48
	82	21	23	11	11	11	11	12	15	19	25	40
15.0	90	24	16	14	14	14	14	17	20	26	37	58
	65	17	12	10	10	10	11	12	15	20	28	43
	50							10	12	16	22	35
20.0	66	18	13	12	12	12	12	15	19	25	35	54
	47	13						11	14	18	26	41
	36	10						11	15	21	33

摘自 P. Smith（1980）

表 5-5　病例对照研究的样本含量　　α=0.01　1-β=0.90（单侧检验）

RR	对照组暴露者比例											
	.01	.05	.10	.15	.20	.25	.30	.40	.50	.60	.70	.80
1.5	13608	2886	1556	1122	913	796	726	662	662	718	854	1165
	10010	2127	1149	831	678	592	541	495	497	541	645	834
	8198	1745	945	684	559	489	448	411	414	452	541	742
2.0	4177	898	493	361	299	265	245	230	237	265	323	453
	3031	654	360	265	220	196	182	172	179	200	246	346
	2448	530	293	217	181	161	150	143	149	168	207	292
2.5	2202	479	267	198	166	149	140	135	142	162	202	228
	1585	346	194	145	122	110	104	101	107	123	154	221
	1263	278	156	118	100	90	85	84	89	103	129	167
3.0	1433	315	178	134	114	103	98	96	103	119	151	219
	1032	226	129	98	83	76	73	72	78	91	116	163
	809	180	103	79	68	62	59	59	65	76	97	142
4.0	811	182	105	81	70	65	62	63	70	83	108	159
	572	130	76	59	51	48	46	48	53	63	83	123
	446	102	60	47	41	39	38	39	44	53	70	104
5.0	555	127	75	58	52	48	47	45	56	67	88	132
	389	90	54	42	38	36	35	37	42	51	68	103
	300	70	42	34	30	29	29	30	35	43	57	87
7.5	305	73	45	36	33	32	32	35	41	51	69	104
	212	51	32	26	24	24	24	26	31	39	53	81
	161	39	25	21	19	19	19	21	26	32	44	68
10.0	210	52	33	28	26	25	26	29	35	44	60	93
	145	36	24	20	19	19	19	22	26	34	46	72
	109	28	18	16	15	15	15	18	22	28	39	61
15.0	129	34	23	20	20	20	21	24	29	38	53	83
	89	24	17	15	14	15	15	18	22	29	41	65
	66	18	13	11	11	12	12	15	18	24	34	54
20.0	94	26	19	17	17	17	18	22	27	35	50	78
	65	19	13	12	12	13	14	16	21	27	33	61
	48	14	10	10	10	10	11	13	17	22	32	51

第三节 病例对照研究的资料分析

对病例对照研究收集到的原始资料进行认真的核查，尽可能提高资料的质量和完整性。对资料的分析包括调查数据的描述性分析和推断性分析。

（一）描述性分析

1. 描述研究对象的一般特征　首先对数据的一般特征如年龄、性别、诊断方法、居住地等进行描述，即计算出各种特征的构成比重，从而对资料的一般情况有一定的了解。

2. 均衡性检验　比较暴露组与对照组除欲研究因素以外的各特征是否近似或齐同，来鉴定两组资料是否具有良好的可比性。对于个体配比的资料，可将对子拆开按成组资料进行这种描述性分析。两组之间构成比有无差异性可用 χ^2 检验。

（二）推断性分析

主要是分析暴露与疾病有无统计学关联，以及关联强度的大小。

1. 不匹配不分层的资料分析

(1) 资料按每个暴露因素整理成表 5-6 的四格表形式。

表 5-6　病例对照研究资料整理表

暴露史或特征	病例	对照	合计
有	a	b	$a+b=n_1$
无	c	d	$c+d=n_0$
合计	$a+c=m_1$	$b+d=m_0$	$a+b+c+d=t$

例 5-3　Stwart 调查了 1299 个患癌症而死亡的儿童，另调查 1299 个同年出生的但没有患癌症的儿童为对照。两组儿童的母亲在怀孕期中有的用 X 线照过腹部，有的没照过，资料结果如下，见表 5-7。

表 5-7　母亲孕期照过 X 线与出生儿童患癌症的病例对照研究

孕期照过 X 线	出生儿童因癌而死的	对照组	合计
照　过	178 (a)	93 (b)	271
未照过	1121 (c)	1206 (d)	2327
合　计	1299 (a+c)	1299 (b+d)	2598

(2) 首先要比较两组有暴露史的比例，即比较 $\frac{a}{a+c}$ 与 $\frac{b}{b+d}$ 是否有显著性差异，如差异有显著性可说明该暴露因素与疾病存在联系，其差异显著性检验可用一般四格表 χ^2 或校正 χ^2 检验。

本例即检验病例组与对照组 X 线暴露比是否有差异及差异的统计学显著性，用四格表 χ^2 检验公式来计算。

$$\chi^2 = (ad-bc)^2 n/(a+b)(c+d)(a+c)(b+d) \qquad \text{(公式 5-6)}$$
$$= \frac{(178\times1206-93\times1121)^2\times2598}{271\times2327\times1299\times1299} = 29.8$$

查 χ^2 界值表，$P<0.001$，说明母亲孕期腹部照过 X 线与儿童患癌症有联系。

(3) 计算暴露与疾病的联系强度

某因素与某疾病如存在联系，则可以进一步估计其联系的强度。联系的强度可用相对危险度（relative risk，简称 RR）来说明。相对危险度是暴露组的发病率或死亡率与非暴露组的发病率或死亡率之比。它说明暴露组发病或死亡的概率为非暴露组的多少倍。

病例对照研究一般无暴露组与非暴露组的观察人数，故不能计算发病率或死亡率，亦不能直接计算相对危险度。只能计算比值比（odds ratio，简称 OR）来估计相对危险度。

比值（odds）是指某事物发生的概率与不发生的概率之比。在表 5-7 中病例组的有暴露史与无暴露史概率分别为 $\frac{a}{m_1}$ 与 $\frac{c}{m_1}$，暴露比值为 $\frac{a}{m_1}/\frac{c}{m_1} = \frac{a}{c}$；同理，对照组的暴露比值为 $\frac{b}{m_0}/\frac{d}{m_0} = \frac{b}{d}$ 病例组与对照组的暴露比值之比，即

$$OR = \frac{a}{c}/\frac{b}{d} = \frac{ad}{bc} \qquad \text{(公式 5-7)}$$

为什么能用 OR 估计 RR 值？当病例和对照来自人群时，因为 $RR = \frac{a}{a+b}/\frac{c}{c+d}$，如果所研究疾病的发病率或死亡率不高时，两组发病人数都远远小于不发病的人数，则（a+b）中的 a，和（c+d）中的 c 可略而不计，于是

$$\frac{a}{a+b}/\frac{c}{c+d} \approx \frac{a}{b}/\frac{c}{d} = \frac{ad}{bc}$$

这样，比值比（OR）就可以估计相对危险度（RR）。

本例 $OR = 178\times1206/93\times1121 = 2.3$

说明母亲孕期腹部照过 X 线的儿童患癌症的危险性是未照过的 2.3 倍。

(4) 相对危险度数值的意义　相对危险度数值为 1 时，表示暴露与疾病危险无关联，$RR>1$ 说明疾病的危险度增加，叫做"正"关联，$RR<1$ 说明疾病的危险度减少，叫做"负"关联。不同数值范围表明不同程度的危险性。表 5-8 介绍的是一种 RR 范围划分法，供参考。判断 RR 或 OR 值的意义还要结合具体情况，并根据可信限的上下限值判断。

表 5-8　相对危险度数值范围在暴露与疾病关联上的意义

RR 值范围	意义
0～0.3	高度有益
0.4～0.5	中度有益
0.6～0.8	微弱有益
0.9～1.1	不产生影响
1.2～1.6	微弱有害
1.7～2.5	中度有害
≥2.6	高度有害

(Greenberg，1984)

本例 OR=2.3，可以初步认为母亲孕期腹部照过 X 线对儿童患癌症有中度有害的影响。

（5）OR 的可信限　OR 为一个点估计值，即用一次研究（样本人群）所计算出来的一次 OR 值，没有考虑抽样误差，因此还要按一定的概率（称为可信度）来估计总体的 OR 在哪个范围，这个范围就叫 OR 可信区间，其上下限的数值称可信限。通常采用 95％的可信度，计算 95％可信区间的方法很多，本章简介建立在 OR 方差基础上的 Woolf 氏法。

OR 的自然对数的方差为：

$$Var(lnOR) = 1/a+1/b+1/c+1/d \quad (公式5-8)$$

lnOR 的 95％可信区间（CI）用下式计算

$$lnOR(95\% CI) = lnOR \pm 1.96\sqrt{Var(lnOR)} \quad (公式5-9)$$

其反自然对数值即 OR 的 95％可信区间，上限用 OR_U 表示，下限用 OR_L 表示。

本例 OR 的 95％可信区间计算如下

$Var(lnOR) = 1/178 + 1/93 + 1/1121 + 1/1206 = 0.01809$

$lnOR(95\%CI) = ln2.3 \pm 1.96\sqrt{0.01809}$

$= 0.833 \pm 0.264 = (1.097, 0.569)$

$exp(1.097, 0.569) = (3.0, 1.77)$

即 $OR_U=3.0$，$OR_L=1.77$

由于 OR 的 95％可信区间不包含 1，可以认为总体 OR 值在 0.05 水平上有显著性，即母亲孕期腹部照过 X 线与儿童患癌症确有关联。

2. 匹配资料的分析

对于个体匹配病例对照研究，计算方法略有差别。本节主要介绍 1∶1 配对资料的分析。

将资料整理成四格表

表 5-9　配对数据的四格表

病例	对照 暴露	对照 未暴露	合计
暴露	r	s	a
未暴露	t	u	c
合计	b	d	N/2

字母 r，s，t，u 分别代表四种情况的对子数（例如，r 代表病例与对照均有暴露史的对子数，s 代表病例有暴露而对照无暴露的对照数等）。N/2 是对子数，N 是总人数。计算比值比时只用病例与对照暴露不一致的对子数（s，t）。

$$OR = s/t \quad (t \neq 0) \quad (公式5-10)$$

例 5-4　有一项关于子宫内膜癌的病例对照研究，以用过雌激素制剂治疗作为可疑病因。63 对病例与对照按暴露史的分布如表 5-10。

表 5-10 子宫内膜癌与雌激素治疗的关系（病例对照研究结果）

病例	对照		合计
	暴露	未暴露	
暴露	27 (r)	29 (s)	56
未暴露	3 (t)	4 (u)	7
合计	30	33	63

进一步计算比值比 OR=s/t=29/3=9.67 计算 χ^2=19.5，$P<0.01$

说明子宫内膜癌的发生与服用雌激素有关，服用雌激素制剂子宫内膜癌发生的危险性是不服用的 9.67 倍。

第四节 病例对照研究中的主要偏倚及其控制

一、主要偏倚

1. 选择偏倚

选择偏倚（selection bias）是由于选择研究对象的方法有问题或缺点，导致入选者与未入选者的某些特征有系统差别而产生的误差。由于病例对照研究中常常未能随机抽样，故易产生选择偏倚。特别在医院选择病例与对照时更易产生偏倚。医院收治病人有不同的选择，同时，病人到哪个医院也有选择，不同病种也有不同的入院条件，这使研究的病例或对照不能代表有关人群。由于不同的进入率，使病例组与对照组缺乏可比性。由于诊断标准不明确，或标准不够详细，使病例组内构成不一致。例如肝癌可能是原发性或继发性，可以是肝细胞肝癌或肝内胆管癌，其病因是不同的，标准不同，则引起选择偏倚。

2. 信息偏倚

在调查时对两组的暴露史采取了不同的标准或收集手段可引起信息偏倚（information bias）。例如调查妇女 X 线暴露史，在病例组详细查阅病历或其他记录，而调查对照时则多依据对照口头提供资料，这种所获得的信息可比性较差，从而产生偏倚。观察者在调查或测量时收集的资料在两组间准确性不一致或者被调查者提供不准确的信息都会产生信息偏倚，例如吸烟者说他不吸烟等。

3. 混杂偏倚

是由于混杂因子所造成的偏倚称为混杂偏倚（confounding bias）。混杂因子是指既和研究的疾病有联系（即这个因子必须是一个危险因子）又和研究的暴露有联系的因子。年龄、性别和许多疾病与许多暴露都有联系，所以是最常见的混杂因子。例如，在研究吸烟与肺癌的关系中，年龄是一混杂因素，因为年龄与吸烟有联系，年龄在吸烟者与非吸烟者的分布不相同，而且年龄是肺癌的危险因素。如果不注意年龄，则年龄因素会混杂或歪曲吸烟对肺癌的影响。

二、偏倚的控制

1. 加强科学设计，在选择对象时，尽可能采取随机抽样原则；进行检查或调查时尽可能采取盲法；调查的变量尽可能采取客观性强的指标。并注意研究对象的代表性。如果在医院选择病例，则尽可能多选几所医院进行。对无应答的对象，要设法补救并在分析时对无应答的影响作出特别分析。

2. 对混杂因子的作用，在研究设计阶段可采用限制和匹配的方法进行控制。在分析阶段可采用分层分析方法，标准化处理或应用多因素分析方法进行处理。

此外，分析资料时要讨论偏倚的产生及存在的大小，如存在明显的偏倚，下结论应慎重。

第五节 病例对照研究结果的解释及优缺点

一、病例对照研究结果的解释

病例对照研究资料经统计学推断后、若病例和对照之间在某因素暴露比例上有明显差异，我们就称暴露因素和疾病之间存在着统计上的关联。这种关联可以是因果性质的也可以不是。因此，对结果的解释，有下列三种可能：

1. 机会的作用

利用统计学上的显著性检验及 OR 值的置信区间可以说明抽样误差或机会影响研究因素和疾病关联的大小。但需注意的是，如果结果无显著性差异，不能轻易地肯定该因素与疾病之间不存在关联，因为这可能由于因素对疾病的作用较小，而样本含量没能达到分析所要求的精度和把握水平而造成的。此时，应扩大样本含量，再进行研究。

2. 偏倚的作用

病例对照研究中最重要的偏倚是抽样时的选择偏倚和资料收集中的回忆偏倚。结果解释时要详细探讨发生偏倚的可能性、样本的代表性和资料的可比性。如进行的是以医院为基础的病例对照研究，就要详细探讨本次研究的病例和对照是如何选择的，病例的选择是否是多医院选择，病例的诊断标准是否一致，对照是否是多科室随机选择。在调查时，是否注意保证研究对象有较高的应答率，避免失访。调查因素的设计是否客观、合理，调查员工作态度如何，被调查者的回答情况如何等。另外，对混杂因子造成的混杂偏倚也应有充分的估计和判断。要说明当混杂因子的作用得到控制之后，相对危险度或比值比发生何种程度的变化或不发生变化；如果发生变化，那么这种变化就是混杂作用大小的一个指标。混杂作用被控制后，依然存在的联系，可以解释为研究因素与疾病之间的特异性联系。对混杂作用的处理是数据分析的一部分。

3. 因果联系

流行病学研究其目的之一是确定一些可能会引起疾病或能预防疾病的因素，其最终目标是通过对这些因素的干预而改变疾病的发生频率或严重程度或阻止疾病率的升高。从这个意义上来说，若某因素的水平改变以后疾病频率或特征亦随之变化，则我们可以把这一因素称为是一个病因因素。这一定义包括两个要素：其一是时间顺序是因在前，果在后；其二是若对这个要素进行干预或其本身发生改变，发病率也会发生改变。实验性流行病学研究可以证实因素之间是否存在这种关系，而病例对照研究仅能借助于逻辑推理即病因推断技术判断是否存在因果联系，它对因果关系仅限于是一种判断而不是因果联系的证明。如何进行病因推断本章不予叙述，可参阅其它参考书。

二、病例对照研究的优缺点

病例对照研究有许多的优点：

1. 特别适用于罕见病的研究，有时往往是罕见病病因研究的唯一选择，因为病例对照研究不需要太多的研究对象，此时队列研究常常不实际。
2. 虽有更多的机会发生偏倚和导致错误的推论，但这种方法比较节省人力、物力和时间，并且较易组织实施。
3. 该方法不仅应用于病因的探讨，而且广泛应用于许多方面，例如疫苗免疫学效果的考核及暴发调查等。
4. 病例对照研究在一次调查中可以同时调查多个因素。

病例对照研究的缺点是明显的：

1. 不适用于研究人群中暴露比例很低的因素，因为这样会需要很大的样本量。
2. 选择研究对象时。病例常不能代表全部病例，对照常也不能代表其对象人群。因此难以避免选择偏倚。
3. 暴露与疾病的时间先后常难以判断，不能证实某因素与某疾病的因果关系。
4. 获取既往信息时，难以避免回忆偏性。
5. 不能计算发病率、相对危险度（RR）。

（詹思延）

第六章 队列研究

队列研究（cohort study），又称为前瞻性研究（prospective study）、随访研究（follow-up study）及纵向研究（longitudinal study）。19世纪中叶，队列研究的雏形出现在一些传染病的调查中，例如在绪论中提到的著名的John Snow霍乱调查。而真正大型的前瞻和回顾性队列研究直到第二次世界大战以后才出现。队列研究是研究暴露与结局关联的最佳设计类型之一，它的时间顺序合理，可以直接测量疾病危险指标，还能研究一种因素的多种效应，因此在因果关系的确定上比病例对照研究更有说服力。

第一节 概 述

一、定 义

队列（cohort）原指古罗马军团中的一个分队。流行病学研究中队列常用于指具有共同经历或有共同状态的一群人。例如出生队列指在相同年代或时期出生的一组人群，又如暴露队列可以是在某个时期进入某工厂工作的一组人群。

队列研究是指选定暴露于及未暴露于某因素的两组人群，随访观察一定时间，比较两组人群某种预期结局的发生情况（如疾病、死亡或其他健康状况）从而判断该因素与结局有无关联及关联大小的一种观察性研究方法。其研究设计结构模式图见图6-1。有时，队列研究中也可根据不同的暴露水平而将研究对象分为高剂量暴露组和低剂量暴露组。队列研究是由因到果的研究，所研究的暴露因素在研究开始前就已经存在，且研究者知道每个研究对象的暴露情况。

二、特 点

1. 属于观察法 暴露因素不是人为给予的，而是客观存在；
2. 设立对照组 同病例对照研究一样，队列研究中要设立对照组用于比较，这是分析性流行病学的共同特征之一；
3. 由"因"及"果" 在探求暴露因素与疾病的先后关系上，先确知其因，再纵向前瞻观察而究其果；
4. 能确证暴露因素与疾病的因果联系 由于观察者能切实知道暴露的作用和疾病的发生，且疾病是发生在确切数目的人群中，所以能准确计算出发病率，即人群发病的危险度，因而能够判断其因果关系。

三、目 的

1. 检验病因假设 检验某种暴露因素对某种疾病发病率或死亡率的影响是队列研究的主要用途和目的。一次队列研究不仅可以只检验一种暴露因素与单一疾病之间的因果关联

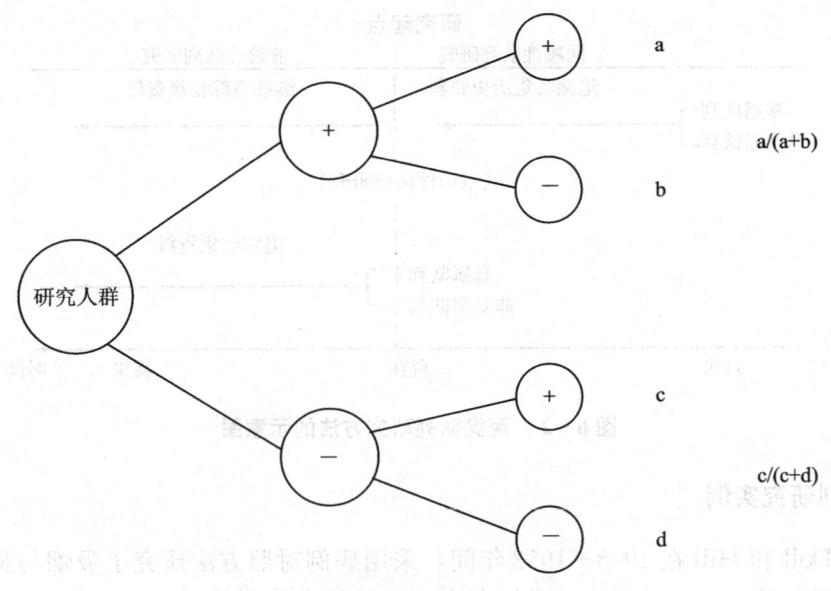

图 6-1 队列研究原理示意图

（如吸烟与肺癌），也可同时检验一种暴露因素与多种结果之间的关联（如可同时检验吸烟与肺癌、心脏病、慢性支气管炎等的关联）。

2. 评价预防效果　有些暴露因素有预防某结局发生的效果，如戒烟可减少吸烟者肺癌发生的危险等。这些预防措施不是人为给予的，而是研究对象的自发行为。这种现象又称为"人群的自然实验"，但其本质是观察性研究，而不是实验研究。

3. 研究疾病自然史　队列研究可以观察人群从暴露于某因素后，疾病发生、发展直至结局的全过程，包括亚临床阶段的变化与表现，这个过程多数伴有各种自然和社会因素的影响。

四、类　型

队列研究可分为三类，前瞻性队列研究、历史性队列研究和双向（混合）性队列研究。图 6-2 为三类队列研究的示意图。

1. 前瞻性队列研究（prospective cohort study）　研究对象的确定与分组是根据研究开始时的状态，研究的结局需随访观察一段时间才能得到。这种设计是队列研究的基本形式。

2. 历史性队列研究（historical cohort study）　研究工作是现在开始的，研究对象是过去某个时间进入队列的，即研究的起点是过去某个时间，研究对象的确定与分组是根据进入队列时的暴露进行的，研究的结局在研究开始时已经发生，暴露到结局的方向是前瞻性的。而研究工作的性质是回顾性的。

历史性队列研究节省时间、人力和物力，出结果快，因而适宜于长诱导期和长潜伏期的疾病，也经常用于具有特殊暴露的职业人群的研究。但是这种研究常常缺乏影响暴露与疾病关系的混杂因素的资料，以至影响暴露组与非暴露组的可比性。

3. 双向性队列研究　历史性队列研究之后，继续进行前瞻性队列研究叫双向性队列研究。这种研究具有上述两种研究的优点，在一定程度上弥补了它们的不足。

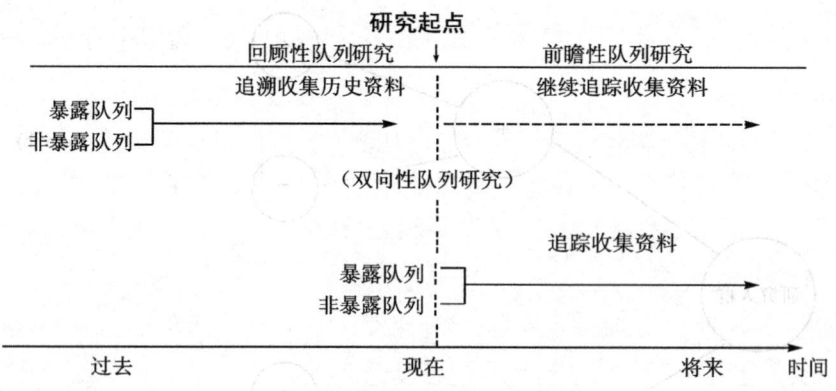

图 6-2 两类队列研究方法的示意图

五、队列研究实例

英国的 Doll 和 Hill 在 1948~1952 年间，采用病例对照方法研究了吸烟与肺癌的关系，结果表明肺癌患者与对照组相比，吸烟者多，吸烟量大，开始吸烟年龄小，而且吸烟时间长，因而认为吸烟是肺癌非常可疑的致病因素。在这个基础上，他们从 1951~1976 年间，又用队列研究方法研究了两者间的关系，共观察了 25 年。

他们选择英国登记在册的所有开业医生作为研究对象，通过邮寄的方式发放调查表，共获得了 40701 位医生寄回的合格调查表。调查表中详细询问了研究对象的吸烟情况。根据这一资料，他们将调查对象分为暴露组和非暴露组。在以后的 4 年 5 个月的时间内，他们对这些医生进行追踪随访，从多方面获得了这些医生中死于肺癌的报告，并加以反复核实，以保证诊断的准确性。经分析，得到表 6-1 的结果。

由表 6-1 可见，吸烟使得肺癌死亡率增高，吸烟量越大，死于肺癌的危险性也越大，而其它疾病与吸烟无明显联系。Doll 和 Hill 对这些医生继续进行了更长期的观察，发现戒烟者与继续吸烟者的肺癌死亡率有显著差异，同时，随着戒烟时间的加长，肺癌死亡率呈下降趋势。

表 6-1　35 岁或以上每年每 1000 男性标准化死亡率与最近吸烟量的关系

死因	死亡数	标准化死亡率（‰）			吸烟者每日平均吸烟量		
		全部	非吸烟者	吸烟者	1~	15~	≥25
肺癌	84	0.81	0.07	0.90	0.47	0.86	1.66
其它癌	220	2.02	2.04	2.02	2.01	1.56	2.63
其它呼吸道病	126	1.10	0.81	1.13	1.00	1.11	1.41
冠状动脉栓塞	508	4.78	4.22	4.87	4.64	4.60	5.99
其它死因	779	6.79	6.11	6.89	6.82	6.38	7.19
全部死因	1717	15.48	13.25	15.78	14.29	14.49	18.84

（引自《流行病学研究实例（第一卷）》，人民卫生出版社，1984）

第二节 队列研究的实施

队列研究的工作程序是：1.在描述流行病学工作基础上或病例对照研究的基础上，根据研究目的，查阅文献，写出研究设计；2.根据设计，选择研究人群，确定暴露组和非暴露组；3.随访观察，收集研究所需的资料，尤其要准确记录每个研究对象的暴露与结局情况（发病、死亡和健康）；4.比较暴露组与非暴露组发病率或死亡率的差异，计算暴露因素与结果的关联强度及其它分析指标，从而检验病因假设。

一、确定研究因素

研究因素在队列研究中常称为暴露因素或暴露变量。队列研究暴露因素通常是在描述性研究或病例对照研究的基础上确定的，以进一步证实暴露因素的致病或保护作用。人们把导致疾病事件增加的暴露因素称为危险因素或致病因素，把导致疾病事件降低的暴露因素称为保护因素。暴露既可以是致病因素或保护因素，还可以是另一个暴露因素所产生的后果，即另一种疾病。例如，高血压是冠心病的暴露因素，但它可能是其它暴露因素产生的结果。

对暴露因素应给以定量测量，应考虑暴露剂量水平、暴露的时间长度以及暴露是否连续。队列研究除了要确定主要的暴露因素外，也应同时收集其它暴露因素资料，例如可疑的混杂因素以及研究对象的人口学特征，以便更好地说明研究结果。

二、确定研究结局

结局（outcome）指研究者预期的结果事件。如研究吸烟与发生冠心病的关系，则发生了冠心病即为该观察对象出现了结局。结局不仅限于发病、死亡，还可以是中间结局，如血清抗体的滴度，血脂、血糖达到一定水平，也可以是健康状况或生命质量的变化。结局指队列研究观察的自然终点，是对象个体出现的结果，与观察期的终点不是一个概念。

判断结局的标准应尽量采用国际或国内统一的标准。但考虑到疾病的不同类型，不同的临床表现等，应注意记录下其他可疑的疾病的症状或现象供以后详细分析。

三、确定研究对象

1. 暴露人群的选择

通常选择暴露人群有下列几种方式：

（1）特殊暴露人群：职业人群常为队列研究的首选对象，因为在某些职业中常存在特殊暴露因子，如研究石棉与肺癌的关系，选择石棉作业工人；接受过放射线治疗的人，可作为研究放射线与白血病的关系的暴露人群。

（2）一般人群：即某地区的全体人群，选择其中暴露于研究因素的人做暴露组，其余为对照组。例如著名的Framingham心脏病研究，就是选择美国马萨诸塞州的Framingham镇上30~59岁（1984年）的人口的三分之二的随机样本作为研究对象，因当地人口流动性小，居民配合，有一所高水平的医院等，便于随访，能够得到一个完整的资料。

（3）有组织的人群团体：为了便于有效率地收集随访资料，往往选择一个团体，它有自己的组织系统，能够协助我们工作，而且该组织内成员的职业与经历往往是相同的，可使对照组与暴露组增加可比性。如 Doll 和 Hill 选择了所有登记注册的开业医生。这样的人群，样本代表全人群的可能性稍差，但是能降低失访率，同时提高调查结果的可靠性。

2. 对照组的选择

选择对照组的原则是要尽可能保证与暴露组的可比性，即对照人群除未暴露于所研究的因素外，其它各种影响因素或人群特征，如性别、年龄、民族、职业、文化程度、居住地等都应尽可能地与暴露组相同，具有可比性。

（1）内对照：如果调查对象是一个整体人群，人群内暴露于某因素的作为暴露组，未暴露的或暴露最少的人们就作为对照组。如 Doll 和 Hill 调查英国所有登记注册的开业医生，其中不吸烟者或偶尔吸烟者就都作为对照组成员。

（2）外对照：也称特设对照。当选择职业人群或特殊人群作为暴露人群时，常需在该人群之外另选择一组非暴露人群作为对照组。如以放射科医生作为研究放射线致病的暴露人群，则可以不接触放射线或接触射线极少的五官科医生作为外对照。

（3）一般人群对照：有时不另设对照，而是以一般人群为对照。一般人群疾病率的资料比较稳定且容易得到。采用该种对照可以节省大量的经费和时间，而缺点是资料比较粗糙，往往不够精确或缺乏欲比较的项目。另外，对照中也可能包含有暴露人群。

（4）多重对照：为了增强结果的可靠性，可将上述方法综合起来，设立多种对照，进行多重比较。

一般来讲，队列研究要持续较长时间，所需样本量较大。所以，选择观察人群的时候特别要考虑收集资料的可能性和完整性。同时还要考虑下列因素：如观察对象最好比较集中；所研究的疾病不是罕见病；观察对象能够理解调查、配合调查；观察对象有可能、有能力提供可靠的资料；观察人群相对稳定；当地有较高水平的医疗保健机构；当地有较高效率的登记报告系统等。

四、样本含量估计

（一）估计样本含量时需要考虑的问题

队列研究一般很难将全部暴露人群都包括在研究队列中，往往需要从实际人群中抽取一定数量的样本，而选择不同的抽样方法将直接影响所需的样本含量。

暴露组与对照组的比例也会影响样本含量。对照组的样本含量不宜少于暴露组的样本含量，研究中通常采取等量的做法。

队列研究往往要追踪观察相当长的一段时间，在这一期间研究对象的失访是难免的，因此在估计样本量时要考虑到失访的情况，防止在研究的最后阶段因数量不足而影响结果。

（二）决定样本含量大小的因素 样本量大小主要取决于下列 4 个参数

1. 一般人群中所研究疾病的发病率水平 p_0：p_0 越接近 0.5，所需观察的人数越少。

2. 暴露人群的发病率 p_1：用一般人群发病率 p_0 代替非暴露组发病率，两组之差越大，所需观察人数越少。

3. 显著性水平：即统计学检验假设所允许犯假阳性错误的概率。显著性水平要求越高，所需观察人数越多。

4. 把握度（$1-\beta$）：为统计学检验假设所允许犯假阴性错误的概率。把握度要求越高，所需观察人数越多。

（三）利用公式计算样本大小：队列研究的样本量可由下列公式来计算

$$N = \frac{(Z_\alpha \sqrt{2\bar{p}\bar{q}} + Z_\beta \sqrt{p_0 q_0 + p_1 q_1})^2}{(p_1 - p_0)^2}$$ （公式6-1）

公式中：N 为暴露组或非暴露组的所需调查人数。p_1 为暴露组发病率，p_0 为非暴露组发病率，$\bar{p}$ 为两组发病率的平均值，$q=1-p$，α 为显著性水平，$\beta=1-$把握度，Z_α 及 Z_β 为 Z 值在 α 及 β 处的标准正态差，可查表求得。

表6-2 正态分布的分位数表

α 或 β	K_α（单侧检验） K_β（单侧和双侧检验）	K_α（双侧检验）
0.001	3.090	3.290
0.002	2.878	3.090
0.005	2.576	2.878
0.010	2.326	2.576
0.020	2.058	2.326
0.025	1.960	2.058
0.050	1.645	1.960
0.100	1.282	1.645
0.200	0.842	1.282

应用公式时，首先由研究者确定显著性水平 α 和把握度，根据把握度确定 β，然后从表6-2中查出相应的标准正态差。

非暴露组的发病率 p_0 可以根据以往工作经验估计出或用人群一般发病率来代替。而暴露组的发病率 p_1 比较难以估计，如果能够估计相对危险度（RR），那么 $p_1 = RR \times p_0$。RR 可从文献、资料或预调查中估计，也可用 OR 来代替，$p_1 = OR \times p_0$，OR 可从病例对照研究中得来。

例：用队列研究方法分析孕妇暴露于某种药物与婴儿先天性心脏病之间的联系，已知非暴露组的发病概率 $p_0 = 0.008$，估计 RR=2，当 $\alpha = 0.05$，$\beta = 0.10$ 时，求所需样本数。

解：$Z_\alpha = 1.960$，$Z_\beta = 1.282$，$p_0 = 0.008$，RR=2

$p_1 = 2 \times 0.008 = 0.016$ $p = (0.008 + 0.016)/2 = 0.012$

$q = 1 - p = 0.998$ $q_1 = 0.984$ $q_2 = 0.992$

代入公式，得：

N=3892.1 人

即暴露组和非暴露组各需样本 3892 人。

现在，随着计算机应用的普及，一些专业软件，如 EPIINFO 中包含了样本量的计算程序，可通过输入相应的参数求得所需样本量。更简便的方法是查阅附有队列研究样本量表的专业流行病学书籍，获得所要结果。

队列研究耗时长，时间越长，失访越多，所以估计样本量时要加上因失访而可能丢失的量。上面例题中，估计失访率10%，则

$$N = 3892 \times (100 + 10)/100 = 4281$$

即暴露组和非暴露组各需样本 4281 人。

五、资料的收集与随访

(一) 基线资料

在研究对象选定之后，必须详细收集每个研究对象在研究开始时的基本情况，包括暴露的资料及个体的其他信息，这些资料一般称为基线资料或基线信息（baseline information）。基线资料一般包括暴露因素的暴露情况，疾病与健康状况，年龄、性别、职业、文化、婚姻等个人状况，家庭环境、个人生活习惯及家庭疾病史等。

(二) 随 访

研究对象的随访是队列研究中十分重要的工作，随访的对象、内容、方法等都直接与研究质量相关，因此应事先计划并在实施中严格执行。

1. **随访对象** 所有被选定的研究对象都应采用相同的方法同等地进行随访。

2. **随访期** 随访期的长短取决于暴露与疾病的联系强度以及疾病的潜伏期长短。暴露因素的作用越强，随访时间越短；潜伏期越长，随访时间也越长。

3. **随访内容** 一般随访内容与基线调查内容一致，但着重结局变量的收集。还应收集有关暴露状况的资料，以了解其变化。

4. **收集资料的方法** ①组织调查人员对研究对象定期随访、定期体检，例如定期测量血压、检查心血管疾病、血液生化指标、生活饮食习惯等。此法优点是可以获得很多信息，如疾病的动态变化过程、观察人群数量的变化、暴露水平的改变等。②利用常规登记和报告系统，一般可利用医院病历、病理报告、传染病报告、医院死亡证明、公安部门的死亡登记、职工人事档案等。有时，也可将上述两种方法结合起来以减少失访。③必要时可进行环境调查及检测。

不论收集基线资料还是收集随访、结局资料，都要求所得到的资料是客观的，尽量做到有据可查；资料应是明确的，暴露资料要求统一标准，并做到定量、分级，而结局资料要求诊断标准统一，诊断明确、详细，如诊断为肺癌，最好有资料说明是鳞状上皮癌还是腺癌，癌症的部位，转移情况等。同时，要做到对非暴露组资料的收集标准、方式、过程等同暴露组一样。

5. **观察终点** 观察终点指研究对象出现了预期的结果，至此就不再继续观察该对象了。观察终点常为规定的疾病的发生或死亡。如果研究对象在未达到观察终点以前死于其它疾病，尽管不能对其进行随访，仍不能按到达随访终点对待，而应该当作失访处理。

(三) 资料收集过程的质量控制

队列研究样本量大，时间长，容易出现质量问题，需要在设计阶段就给予足够的重视，并在整个研究实施过程中强调并采取措施保证设计所要求的质量标准。

1. **培训调查员** 在实施开始前，要选择和培训调查员。调查员要具备一定的文化水平，有敬业精神，对工作认真负责，但不一定有医学背景。培训时，除应讲清研究的意义，强调减少失访量对研究的重要性外，还应培训调查员掌握获得可靠资料的调查方法和技巧等。

2. **制定相应的规章制度** 为了保证调查质量，要制定相应的工作制度，明确分工、职责。同时，应确定相应工作的工作程序，如调查员调查的流程，资料的审查，交接；回收资料的验收、交接、保存的流程；有实验室检查时，实验室工作检验方法、标准及标本的保存等。定期检查、考核调查质量，如重复调查，考核其一致性。

应用制度来保证减少失访。如规定不能以其他人代替既定的观察对象；多次随访对象，不轻易宣布放弃；提出明确的合格随访率要求。

第三节 队列研究的资料分析

队列研究的资料分析步骤：
1. 计算各组的发病（或死亡）率；
2. 对组间率的差异进行统计学显著性检验；
3. 对差异有统计学显著性的进一步计算关联程度。

一、计算率

队列研究中的发病（或死亡）率计算由于数据资料的性质不同而有不同的方法和指标。

1. 累积发病率

在观察人群比较固定且稳定地维持在一个较长的观察期内，可以用累积发病（或死亡）率，也就是我们常用的计算。公式为：

$$累积发病率 = \frac{观察期间发病人数}{观察队列人数} \times K \qquad (公式6-2)$$

累积发病率（或死亡率）作为分析指标，比较简单，分母为此队列人数，分子为此队列内观察历年间发病（或死亡）人数之和。它可以进行常规的统计学检验。

2. 发病密度

若整个研究持续了较长时间，其间观察人群人数产生了较大变动，例如因迁移、死于非研究疾病、退出等，造成观察人数减少，此时，不能以稳定的观察人群作为分母计算率，而需将变动的人群转变为人时数为单位代替以人数为单位作为分母来计算率，这种率称为发病密度（incidence density）。人时就是将人与时间因素结合起来作为率的分母的单位，常用的单位是人年。一个观察对象被观察满一年计为一人年，被观察满十年计为十人年，十人被观察满一年也计为十人年。分子仍为观察期间发病或死亡的人数。

人年的计算方法：

（1）小样本观察对象：小样本可以直接计算。以个人为单位逐个计算人年数，该法比较准确，但较费事。

表6-3 3例进出研究时间及暴露人年

对象编号	进入研究日期	退出研究日期	暴露人年数
1	1966.7.19	1977.9.14	11.156
2	1961.11.11	1973.12.1	12.054
3	1970.2.1	1981.1.1	10.918

以上3人共计34.13暴露人年。

（2）大样本观察对象：以一个时点为标准，如以年末12月31日的人数为终、起点计算。上一年12月31日时点的观察人数减去次年内所有的死亡、迁移、失去联系人数总和，得到次年末12月31日的观察人数。两个人数之和除以2,就得到该年内暴露人年数。

表6-4　1951~1956年观察35~64岁男医生人数

年龄（岁）	观察期间的人数						人年数
	1951.11.1	1952.11.1	1953.11.1	1954.11.1	1955.11.1	1956.4.1	
35~	8,886	9,149	9,287	9,414	9,710	9,796	41,211
45~	7,117	7,257	7,381	7,351	7,215	7,191	32,156
55~	4,094	4,212	4,375	4,601	5,057	5,243	19,909
合计	20,097	20,618	21,043	21,366	21,982	22,230	93,276

计算某年龄组的率时,应以属于该年龄组的对象计算出人年作为分母。以表6-4的35岁~的人年计算为例:

人年数＝(8886+9149)/2＋(9149+9287)/2＋(9287+9414)/2＋(9414+9710)/2＋(9710+9796)/2×5/12＝41,211

即35岁~组观察人年数为41,211人年。算式中的最后一项乘以5/12,是因为最后的观察期间为5个月,除以12将其转换成年。

(3) 寿命表法:采用寿命表的方法计算人年。因为人年的概念是寿命表的基本概念之一。它的优点是可以充分合理地利用资料信息,缺点是计算繁琐,工作量大。可参阅有关的书籍。

二、组间率的差异的统计学检验

当观察样本量较大时,样本量的频数分布近似正态分布,可采用U检验来进行差异的显著性检验。

如果率比较低,可能不符合正态分布,则可改用二项分布或泊松分布进行检验。具体的检验方法可查阅统计学书籍。

三、暴露因素与结局事件的关联强度的计算

队列研究资料的整理形式基本上与病例对照研究的一样,见表6-5。从中可以计算出两组的发病率 a/n_1 和 c/n_0,这是关键的指标。

表6-5　队列研究资料归纳表

	病例	非病例	合计	发病率
暴露组	a	b	$n_1=a+b$	a/n_1
非暴露组	c	d	$n_0=c+d$	c/n_0
合计	$m_1=a+c$	$m_0=b+d$		

队列研究可计算的关联强度的流行病学指标有:

1. 相对危险度

相对危险度(relative risk, RR)又称危险比(risk ratio)或率比(rate ratio)。

$$RR = I_e/I_0$$

(公式6-3)

式中：$I_e = a/n_1 =$ 暴露组发病（或死亡）率

$I_0 = c/n_0 =$ 非暴露组发病（或死亡）率

相对危险度是暴露组发病（或死亡）率与非暴露组发病（或死亡）率的比值。它表明暴露组发病（或死亡）危险是非暴露组的多少倍。至于相对危险性数值的大小反映关联的强弱并无统一的标准。一般地讲：

当 RR<1，说明暴露因素与疾病负相关，暴露越多，疾病越少，具有保护意义。

RR=1，说明暴露因素与疾病无关联。

RR>1，说明暴露因素与疾病正相关，暴露越多，疾病越多，可能是致病因素。

有关 RR 与关联的强度之间的判断标准，目前还没有得到公认，可以参考第五章病例对照研究中相关的内容。

2. 特异危险度

特异危险度（attributable risk，AR）也叫归因危险度，或率差（rate difference，RD）。暴露组发病率通常总是高于非暴露组的发病率，高低之差推理应特异地归因于所研究的暴露因素。因此，特异危险度表示单独由某因素所致的发病（或死亡）危险。

特异危险度为暴露组发病（或死亡）率与非暴露组发病（或死亡）率之差。

$$AR = I_e - I_0 \quad \text{（公式 6-4）}$$

或

$$AR = I_0(RR - 1) \quad \text{（公式 6-5）}$$

相对危险度与特异危险度同为估计危险度的指标，彼此又密切相关，但它们代表的公共卫生意义却不同，可以由表 6-6 资料为例加以说明。

表 6-6 吸烟者与非吸烟者死于不同疾病的 RR 与 AR

疾病	吸烟者 （1/10 万人年）	非吸烟者 （1/10 万人年）	RR	AR （1/10 万人年）
肺癌	48.33	4.49	10.8	43.84
心血管疾病	294.67	169.45	1.7	125.13

（Lee，1982）

它说明吸烟对每个受害者来说，患肺癌的危险性比患心血管病的危险大得多。但就整个人群来看，吸烟引起心血管的死亡率却比肺癌的为高。前者具有病因学的意义，后者更具有疾病预防和公共卫生上的意义。

3. 人群特异危险度

特异危险度仅仅是从抽取的暴露及非暴露人群资料中计算出来的，而未涉及人群中的比例。如果人群中暴露比例很高，特异危险度对于全人群的意义就很大；暴露比例很低时，暴露人群的特异危险度再高，其实际影响也不大。因此，除计算暴露人群的特异危险度外，还需计算目标人群的特异危险度（population attributable risk，PAR）。其计算公式为：

$$PAR = I_t - I_0 \quad \text{（公式 6-6）}$$

式中：I_t——全人群发病率，I_0——非暴露组发病率

人群特异危险度百分比（PAR%）是人群中因暴露于某因素所致某病占人群中某病发病的百分比。

$$PAR\% = (I_t - I_0)/I_t \times 100\% \quad \text{（公式 6-7）}$$

或

$$PAR\% = \frac{P_e(RR-1)}{P_e(RR-1)+1} \times 100\% \quad \text{(公式 6-8)}$$

P_e：人群中暴露于某因素的比例。

下面通过一个例子介绍这几个指标的计算。

例：某队列研究获得了下列肺癌死亡率资料：吸烟者肺癌死亡率 0.96‰；不吸烟者肺癌死亡率 0.07‰；人群的肺癌死亡率 0.56‰；人群中吸烟者的比例 55%。

求：吸烟者死于肺癌的相对危险度（RR）和特异危险度（AR）；因吸烟死于肺癌的人群特异危险度（PAR）和人群特异危险度百分比（PAR%）。

解：依据题意，得：$I_e = 0.96‰$ $I_0 = 0.07‰$
$I_t = 0.56‰$ $P_e = 55\%$

则 ① $RR = I_e/I_0 = 0.96‰/0.07‰ = 13.7$

说明吸烟者死于肺癌的危险性为非吸烟者的 13.7 倍。

② $AR = I_e - I_0 = 0.96‰ - 0.07‰ = 0.89‰$

说明单纯由吸烟所致的肺癌死亡率为 0.89‰。

③ $PAR = I_t - I_0 = 0.56‰ - 0.07‰ = 0.49‰$

说明人群中吸烟所致的肺癌死亡率为 0.49‰。

④ $PAR\% = (I_t - I_0)/I_t \times 100\% = (0.56‰ - 0.07‰)/0.56‰ \times 100\% = 87.5\%$

结果说明人群中死于肺癌的人有 87.5% 是由于吸烟引起的，其他原因仅占 12.5%。

第四节 队列研究中的偏倚及其控制

1. 失访偏倚

由于研究对象移居外地、死亡于非结局的其它疾病、意外死亡、外出或不合作等原因而使随访中断的，包括研究者因种种原因未能随访的案例，都作为失访。

失访偏倚影响研究的真实性。影响的程度取决于两个方面：一是失访人群的质。失访人群在所研究的主要方面如果与研究人群区别不大，无显著性差异，那么偏倚影响不大；二是失访人群的量。如果失访量小于观察人群总数的 10%，可认为所产生的偏倚不大，若失访率大于 5%，解释结果宜慎重。

控制失访偏倚主要靠提高研究对象的依从性，在选择研究对象时选择那些符合条件且依从性好的研究对象。

2. 选择偏倚

研究的样本人群应该是总人群的一个无偏样本。但是由于最初选定的研究对象有些无法参加研究、历史性队列研究中有些研究对象的档案丢失、研究对象为志愿者等都可能造成选择偏倚。

控制的方法包括严格按规定的标准选择研究对象，对象一旦选定，一定要坚持随访到底等。对待志愿者，应了解其基本情况，如与正常选择参加的人群基本特征一致，则可认为带来的偏倚较小。

3. 信息偏倚

主要为错分偏倚，包括暴露错分、疾病错分及二者的联合错分。控制的方法是提高设计水平和调查质量，做好质量控制工作。明确各项标准，严格按照设计的规定执行，定期抽取一定比例的样本复查等方法可以减少信息偏倚的发生。

4. 混杂偏倚

混杂因素和混杂偏倚的概念及其控制方法同病例对照研究。队列研究中也会出现混杂偏倚。

第五节 队列研究的优缺点

一、优 点

1. 可以直接计算暴露组与非暴露组的发病（或死亡）率，因而可以直接估计相对危险度。
2. 从时间顺序上看，暴露发生在前，结局发生在后，故检验病因假说的能力较强，一般可证实病因联系。
3. 有助于了解疾病的自然史并且可以获得一种暴露与多种疾病结局的关系。
4. 样本量大，结果比较稳定。
5. 可以了解基线率，因而能够发展和实施控制、预防和健康促进规划。
6. 收集的资料完整可靠，一般不存在回忆偏倚。

二、缺 点

1. 不适宜罕见病的研究，因为那需要较大的样本量，研究实施有一定的困难。
2. 往往需要较长时间的随访观察，因为死亡、退出、搬迁等造成的失访常难以避免。
3. 研究比较耗费人力、物力和时间。
4. 随着时间推移，未知变量引入人群可能导致结局受影响。
5. 研究的设计要求高，实施难度大。

（吴 涛）

第七章 流行病学实验

第一节 概 述

流行病学实验 (epidemiological experiment) 是流行病学重要的研究方法之一。它又可以被称为实验流行病学、干预实验 (intervention trial) 等。

在人群中进行流行病学实验研究最早要推至 18 世纪 James Lind 关于坏血病的研究，George Baker 关于铅绞痛的研究以及 Percival Pott 关于扫烟囱工人中阴囊癌的研究等。流行病学实验最常用于生物制品预防效果和药物治疗效果评价。近年来也越来越广泛地被应用于冠心病、恶性肿瘤、出生缺陷和地方病等非传染性疾病和原因未明疾病的病因研究。

本章涉及流行病学实验的定义及原理、设计类型、研究的实施、资料的整理分析、偏倚及控制、研究应注意的问题和优缺点。

一、基本原理

流行病学实验是将研究人群（病人或正常人）随机分为试验组和对照组，研究者对试验组人群施加或除去某种干预措施后，随访观察一段时间并比较两组人群疾病或健康状态的改变，对比分析实验组与对照组之间效应上的差别，以判断其效果的一种实验方法。

由此可见，流行病学实验必须施加或去除某种干预处理，作为处理因素可以是预防或治疗某种疾病的疫苗、药物或方法措施等；没有干预措施，就不成为流行病学实验。此外还必须具备以下三个特点：

1. 它是前瞻性研究，即必须直接跟踪研究对象，这些对象虽不一定从同一天开始，但必须从一个确定的起点开始跟踪。

2. 研究对象是来自一个总体的抽样人群，并在分组时采取严格的随机分配原则。

3. 必须有平行的实验组和对照组，要求在开始实验时，两组在有关各方面必须相当近似或可比，这样实验结果的组间差别才能归之于干预处理的效应。

根据上述特征可以看出，流行病学实验研究方法有其独到之处。如描述流行病学和分析流行病学是用观察法进行研究，研究对象可以随机抽样，但不能随机分组。与描述性研究相比，实验性研究还有一个明显特征是能够检验假设；与分析性研究相比，虽然两者都可以用来检验假设，但实验性研究在检验效应能力上比任何分析性研究都强得多，其往往可以作为一系列假设检验的最终手段加以确证，从而作出肯定性的结论。其基本原因就是措施由研究者所控制，实验现象是由实验者亲自追踪的，研究人群的分组是随机的，从而对结局作解释时能够较好地排除那些外部因素的干扰作用。

二、设计类型

目前流行病学实验尚没有一个公认的分类原则。通常分为临床试验、现场试验和社区试验。根据实验过程中有无对照组或是否随机分配,可分为真实验和类实验。

(一) 根据研究场所划分

1. 临床试验(clinical trial) 其研究对象是以病人为单位进行实验分组的实验方法,病人可以是住院和未住院病人。随机化临床试验(randomized clinical trial,RCT)就是此类试验中应用最广的一种。常用于对某种药物或治疗方法的效果进行检验和评价。通常临床试验的干预措施不是一级预防,因为它不能防止疾病的发生,但能防止疾病的后遗症。如乳腺癌手术后用化学药物治疗可预防术后的复发。

2. 现场试验 (field trial) 也叫人群预防试验,是以尚未患病的人作为研究对象,接受处理或某种预防措施的基本单位与临床试验一样是个人,而不是亚人群。为了提高现场试验的效率,通常在高危人群中进行研究,如利用乙型肝炎疫苗在母亲 HbsAg 阳性者的婴儿中,进行预防乙型肝炎感染的现场试验,效率就较高,因为这种婴儿比母亲 HbsAg 阴性的婴儿感染乙型肝炎的机会高得多。

3. 社区试验(community trial) 是以不同居民区的人群为单位进行实验分组的流行病学实验方法。用于评价预防、人群干预措施的效果。接受干预的基本单位是整个社区,有时也可能是某一人群的各个亚组,如某个学校的一个年级或某城市的街道等。如在一个大城市的饮水中加氟来预防龋齿,可将其中数个区的全体居民作为实验组,在其饮水中加氟,余下的区作为对照组,水中不加氟经过 10 年后,比较两组龋齿的患病率来分析饮水中加氟预防龋齿的效果。

(二) 按照设计的基本特征划分

1. 真实验

一个完全的流行病学实验必须具备以下四个基本特征:①必须设立对照组;②试验组和对照组的每个成员必须来自同一总体的抽样人群并且随机分配到两组中;③给予试验组干预措施;④实验进行的方向是前瞻性的。具备以上 4 个基本特征的实验为真实验。

2. 类实验

如果一项实验研究缺少其中的一个或几个特征,这种实验就叫类实验(quasi experiment),又称为半实验、准实验。

在实际工作中有时不能将研究对象进行随机分组,可能是由于:①研究对象数量不足,无法分成两组;②以居民区人群为研究对象的大规模群体试验时,不便于随机分组;③实验因素本身或其针对的疾病本身不宜设立空白或安慰剂对照组等原因。这时可以使用类实验的研究方法。

类实验一词是由社会科学中借用来的,因为社会科学主要是在人群中进行研究,要做到完全的实验研究难度较大,因此发展了类实验这一研究类型。无论是实验室研究、临床研究或现场研究都可以采用类实验,但由于现场实验的条件不易完全控制,所以采用类实验进行研究更多些。类实验研究具有设计简单、便于实施的优点。在某些情况下,可能是唯一可行的试验方法。缺点是可能使非实验因素在组间分布不均衡,可比性较差,结果易有误差。

类实验按有无对照组可分为两类:

(1) 不设对照组:通常采用的方式是:①完全自身对照,即同一受试验者在接受干预措施前后比较。例如观察某药物降低血压的效果,可以比较高血压病人服该药物前后的血压水平。②与已知的不给措施的结果比较。例如在现阶段,已知我国乙型肝炎表面抗原携带者的母亲发生乙型肝炎病毒（HBV）母婴传播的几率平均为40%~50%，如果要观察乙型肝炎疫苗阻断母婴传播的效果，不一定要专门设立对照组，可以将研究的结果与文献报道的水平相比较。

（2）设对照组，但不是随机分组的：此类实验在工作中用得最多。例如甲地饮水中加氟，而乙地不加氟；甲校注射某疫苗，乙校不注射某疫苗等，然后进行两者的比较。有时是自然形成了这种比较，例如美国公共卫生处曾对4个州13个市12~14岁儿童进行一次调查，该13个城市饮水中氟浓度变化很大。调查结果表明：随饮水中氟含量增高龋齿患病率下降，提示饮水中加氟可减少龋齿的发生，类似一次人群实验，称为自然实验。此类研究帮助人们认识了不少问题，值得在流行病学研究中多加应用。

由于类实验无对照或虽有对照，但非随机分组，因此，在得出因果关联的结论时应特别慎重。最好能尽量设法收集资料以排除某些局外因子的干扰作用。

类实验可用于临床试验和现场试验，也具有评价预防措施效果和验证病因假说的作用。主要应用于研究对象人数较多、规模较大，实际情况不允许对研究对象进行随机分组或难以获得随机对照。例如在预防性现场试验中对暴露因素进行干预，通过卫生宣传、教育，劝告人们不吸烟以降低人群肺癌的发病率的预防性试验；在饮用水中加氟来预防龋齿的预防性试验等，就可以选择具有可比性的另一个社区人群作为对照组。

(三) 应用条件

实验流行病学研究需要周密的科学设计、严格的实验观察和细致的结局分析。时间花费较长，资金投入大，要求研究对象的密切配合，所以实施难度大，涉及问题多。因此进行研究前应慎重考虑是否具有开展工作的条件。

1. 应用实验的防治措施必须经过严格的安全考核后才可以进行流行病学实验。必须尽量保证研究对象在实验组中不引起其他损害或加重原有疾病，并且因参加实验而受益；在对照组中不因实验而耽误治疗或严重危害身体健康。

2. 实验应有符合条件的现场，有足够数量的研究对象合作。

3. 有相应的组织和措施及时处理实验进行过程中可能发生的意外情况，如：疫苗接种过程中的意外情况、实验意外、效果不佳、研究对象不合作等。

4. 先进行预试验，以考核设计方案的可行性。

5. 有足够的资金和人员做保障。

第二节 实验研究的实施步骤和过程

一、明确实验研究目的

进行任何一项实验研究都必须事先制定一个比较完善可行的设计方案，在设计中首先应明确实验研究的目的，即要解决什么问题，是验证病因，或是为了考核某项防治措施的效果。在考虑效果指标时，还应该把效果做量的估计。如考核预防措施的效果，是控制个体发展，还是控制疾病流行；如考核治疗措施的效果，是降低某病的病死率，或是提高好转率，还是彻底治愈，设计时均应明确。通常一次实验只解决一个问题，若目的不明确，想解决的问题很多，往往适得其反，甚至会造成各项实验措施不集中，力量分散，进而影响整个实验研究的结果与结论。

二、选择研究对象

根据研究目的选择研究人群,即研究对象。研究对象既包括实验组,也包括对照组,选择研究对象时应制定出严格的选入和排除的标准,避免某些外来因素的影响。选择研究对象的主要原则有以下几点:

1. **选择对干预措施有效的人群** 如在现场试验中,对某疫苗的预防效果进行评价,应选择某病的易感人群为研究对象,要防止将患者或非易感者选入。在临床试验中,选择病例要有统一的、公认的诊断标准,而且最好利用客观的诊断指标,避免把未患病者选入而影响研究的真实效果。另一方面要注意研究对象的代表性,样本应具备总体的某些基本特征,如性别、年龄、疾病类型、病情轻重及有无合并症等,其比例要能代表总体;还要注意轻型病例固然能取得较好的药物治疗效果,但有自然康复的趋向,且即使设立了严格的对照组,并得到阳性结果,也仅说明对轻型病人有效,还不能说明对各类病人都有效。

2. **选择预期发病率较高的人群** 如评价疫苗的预防效果,应选择在疾病高发区人群中进行。药物疗效试验亦多选择高危人群。如平喘解痉药物的疗效试验,最好选择近期频繁发作过支气管哮喘的患者作为研究对象。

3. **选择干预对其无害的人群** 若干预对其有害,不应选作研究对象。因此,在新药临床试验时,往往将老年人、儿童、孕妇除外,因为这些人对药物易产生不良反应。又如,有胃出血史者不应选作抗炎药物试验的研究对象。

4. **选择能将实验坚持到底的人群** 预计在实验过程中就有可能被剔除者不应作为研究对象,例如用一种新药治疗脑出血后肢体瘫痪的临床试验研究,常将伴有癌症者、有严重肾和肝病者除外,因为这些人可能在研究尚未结束前即死亡或因病情严重而被迫停止试验。

5. **选择依从性好的人群** 所谓依从性是指研究对象能服从实验设计安排并能密切配合到底。

三、确定实验现场

根据不同实验目的选择具备一定条件的实验现场,通常选择实验现场应考虑以下几个方面:

1. 实验现场人口相对稳定,流动性小,并要有足够的数量。
2. 实验研究的疾病在该地区有较高而稳定的发病率,以期在实验结束时,能有足够的发病人数达到有效的统计分析。
3. 评价疫苗的免疫学效果时,应选择近期内未发生该疾病流行的地区。
4. 实验地区有较好的医疗卫生条件,卫生防疫保健机构比较健全,登记报告制度较完善,医疗机构及诊断水平较好等。
5. 实验地区(单位)领导重视,群众愿意接受,有较好的协作配合的条件等。

四、估计样本含量

为保证实验质量,在设计时就应对研究所需的样本量加以适当估计。因为,样本量过小会降低实验研究的把握度(power),影响到对总体推断的精度;样本量过大,不仅导致人力、物力、财力和时间的浪费,而且给实验的质量控制带来更多的困难。

1. 影响样本量大小的主要因素

(1) 干预因素实施前、后研究人群中研究事件(疾病)的发生率 干预前人群发生率越高,所需样本量越小;干预后效果越好,即事件发生率(发病率、死亡率等)越低,所需样本量小。反之,就要大些。这些数据可以根据以往的研究结果或预试验(pilot study)的结果估计。

(2) 第Ⅰ型(α)错误出现的概率,即出现假阳性错误的概率 α 水平由研究者自行确定,通常要求 α 等于0.05,有时也可要求等于0.01。取0.01时,所需观察的人数比0.05时为多,即要求的显著性水平越高,所需样本量就越大。

(3) 第Ⅱ型(β)错误出现的概率,即出现假阴性错误的概率 β 水平也由研究者自行确定,一般常将 β 定为0.20、0.10或0.05。$1-\beta$ 称把握度,把握度订得越高,则所需样本量就越大。

(4) 单侧检验或双侧检验 单侧检验比双侧检验所需样本量小。如果肯定实验组的效果好于对照组或只检验当实验组效果优于对照组时,就用单侧检验;当不能肯定是实验组和对照组哪一组效果好,即可能实验组优于对照组或对照组优于实验组时,则用双侧检验。

(5) 研究对象分组数量 分组数量越多,则所需样本量越大。

2. 实验样本大小的计算

(1) 非连续变量样本大小的计算:所谓非连续变量是指计数资料,如发病率、感染率、死亡率、病死率、治愈率等,实验组和对照组之间比较时可按下列公式计算样本大小:

$$N = \frac{[Z_\alpha \sqrt{2\bar{p}(1-\bar{p})} + Z_\beta \sqrt{p_1(1-p_1) + p_2(1-p_2)}]^2}{(p_1-p_2)^2} \quad (公式7-1)$$

p_1:对照组发生率

p_2:试验组发生率

$\bar{p}$:$(p_1+p_2)/2$

Z_α:为 α 水平相应的标准正态差

Z_β:为 $1-\beta$ 水平相应的标准正态差

N:为计算所得一个组的样本大小

举例:假设对照组的发病率为40%,通过干预措施发病率下降到20%才有推广使用价值,规定 α 水平为0.01,β 水平为5%,把握度$(1-\beta)$为95%,本研究为双侧检验,问两组要观察多少人?

$p_1=40\%$,$p_2=20\%$,Z_α 和 Z_β 可从表7-1查出,双侧检验时 Z_α 为2.58,Z_β 为1.64,$\bar{p}=(0.4+0.2)/2=0.3$

双侧检验时 Z_β 与单侧检验时相同

代入公式:

$$N = \frac{[2.58\sqrt{2(0.3)(0.7)} + 1.64\sqrt{0.4(0.6) + 0.2(0.8)}]^2}{(0.4-0.2)^2}$$

$$= \frac{[1.67+1.04]^2}{0.04} = \frac{7.34}{0.04} = 184$$

即每组需观察184例

表 7-1 不同 α 或 β 水平的 $Z_α$ 和 $Z_β$ 值的标准正态差简表

α（或β）	单侧检验时 $Z_α$（或 $Z_β^*$）	双侧检验 $Z_α$
0.005	2.58	2.81
0.010	2.33	2.58
0.025	1.96	2.33
0.05	1.64	1.96
0.1	1.28	1.64
0.2	0.84	1.28

如用查表法确定样本大小，首先要提供以下数据：

两组中较小率为：20%

两组间率之差为：20%

α=0.01，β=0.05

用查表法，每组需样本大小为 180 例，与公式计算法近似。

（2）连续变量样本大小的计算：所谓连续变量是指身高、体重、血压、血脂和胆固醇等计量资料。如按样本均数比较，当两组样本量相等时，可按下列公式计算样本大小：

$$N = \frac{2(N_α + Z_β)^2 σ^2}{d^2} \quad \text{（公式 7-2）}$$

σ：为估计的标准差

d：为两组连续变量均值之差

$Z_α$、$Z_β$ 和 N 所示意义同上述计数资料的计算公式

以上公式适用于 N≥30 时。

举例：用某种药治疗矽肺患者，可使病人尿矽排出量平均增加到 1.8mg/100ml（$\bar{X}c$），常规治疗平均为 1.2mg/100ml（$\bar{X}t$），标准差（S）为 1mg/100ml，α=0.05、β=0.05，双侧检验欲使两组差别显著，问两组各需观察多少人？

本例 σ 为 1.0，d 为 0.6，$Z_α$ 为 1.96，$Z_β$ 为 1.64，代入公式：

$$N = \frac{2(1.96 + 1.64)^2 \cdot 1.0^2}{(1.8 - 1.2)^2} = 72.20$$

即每组需观察 73 例。

如用查表法，首先计算

$$σ = \frac{\bar{X}c - \bar{X}t}{S} = \frac{1.8 - 1.2}{1} = 0.6$$

用查表法，每组需观察 74 例，与计算法接近。

五、随机化分组

在流行病学实验中应将研究对象进行随机分组，而不是由研究者主观地把他们分为实验组和对照组，或由研究对象自己选择进入任何一组。换句话说，随机分组是使每个研究对象进入实验组和对照组的机会是相同的。

随机分组的目的是使各种非实验因素，如年龄、性别、职业、文化程度等，在两组间均

匀分布，以保证两组资料的可比性，并使获得的数据符合统计学处理和分析的要求。在分组前要把那些不参加的研究对象去除后再分组。

被分组的研究对象可以是以个人为单位，称为个人分配；也可以以家庭、学校的班级、社区为单位，称为整群分配。

1. 个人分配　当要分组的研究对象较少时，通常是少于100例时，可采用掷硬币、抽签和随机数字表等单纯随机分组的方法进行个人分配。

- 掷硬币法是先将研究对象编号依次排列，再从一定高度将硬币掷下，按出现的是"国徽"面或"分值"面和设计时的规定，将第一个对象分入相应的组。然后依次进行，直到完成分组。
- 抽签法是把与研究对象等数量的纸条的半数写上"实验组"，另一半写上"对照组"。然后，将纸条折好，放入一个纸盒或布袋内，充分混匀后，由研究者抽签。如第一签抽取的是"实验组"，就把编号为第一名的对象分在实验组。依次下去，直到完成分组。
- 随机数字表是一种完全随机排列制成的数字表。可使用此表将研究对象随机分组。具体方法是：将每个研究对象编号后顺序排列。然后，闭目用铅笔在随机数字表上任意点出一个数字，以其作为起点，可选上、下、左、右任意一个方向，顺次给每个研究对象一个两位随机数，此随机数为双数的研究对象分到实验组，单数者分到对照组，反之亦可。
- 随机分组后，当样本量较大时，每组的个体数差别较小，但一般不会完全相等；当样本量较小时，每组内的个体数有时相差较大，必要时可重新分组或进行调整。在没有随机数字表时，可使用具有产生随机数的电子计算器或计算机作随机分组。随机数字表法可进行大样本、多个组的随机分组。

2. 区组随机分配　按研究对象进入研究工作的时间顺序，将全部对象分成例数相等的若干区组，再将每个区组内的研究对象进行单纯随机分组。

3. 分层随机分配　当研究对象的数量较大时，为了确保随机分组后重要的非实验因素的均衡，有时可先按非实验因素将研究对象分层，然后将每层内的研究对象进行单纯随机分组。

例如按年龄将研究对象分成数个组后，再把每个组分别按上述方法随机分组；也可以按几种重要的非实验因素把研究对象配对，如年龄、性别、病情、民族等，然后用随机方法将每对中的两个对象分别分入二组中。

4. 整群随机分组　按社区或团体分配，即以一个家庭、一个学校、一个医院、一个村庄或居民区等为单位随机分组。这种方法比较方便，但必须保证两组资料的可比性。

5. 在个别情况下，研究对象是陆续进入实验中，无法在实验前将其分组。那么，就应采用随机实验处理方法，即将干预措施的给予与否事先按随机分组的方法排列好，每进入一个研究对象，就按顺序给予处理。它相当于研究对象随机分组的效果。

随机分组后，要比较一下两组间重要的非实验因素的分布情况，以了解是否达到了随机分组的目的。

由于各种随机方法都有其各自的优缺点和适用性，实际使用时应参考统计学书籍，结合研究的具体情况来选择。

六、设立对照

实验研究设计的一个重要原则就是必须有对照。实验研究最终要回答的问题是干预措施的效果有或无、高或低，要回答这两个问题，只有通过合理的对比鉴别才能确定干预措施是否有效，以及有效程度。在研究干预措施的效果时，直接观察到的往往是多种因素的效应交织在一起的综合作用，合理的对照能成功地将干预措施的真实效应客观地、充分地暴露或识别出来，使研究者有可能做出正确评价。通常干预实验的效应受以下几方面因素的影响：

1. 不能预知的结局　由于个体生物学差异的客观存在，往往导致同一种疾病在不同个体中表现出来的疾病特征不一致，也就是疾病的发生、发展和结局的自然史不一致。不同病型或病情的患者，对治疗的反应可能也不同，如接受同一种有效药物治疗的一组病人其疗效高，可能与该组病人中轻型病例占的比例大有关。对于一些疾病自然史不清楚的疾病，其"疗效"也许是疾病发展的自然结果，不设立可比的对照组，则很难与治疗措施的真实疗效区分开来，如某单位观察应用一种中草药治疗慢性胃炎，经随访 12 个月，发现 60 例慢性胃炎患者控制率高达 55%，由于没有对照组，对其疗效难以下结论。只有个别疾病因已知其自然史，如狂犬病患者几乎百分之百死亡，如果某种疗法可以治愈该病，则不需要对照便可以下结论。

2. 霍桑效应（Hawthorne effect）是指人们因为成了研究中特别感兴趣和受注意的目标而改变了其行为的一种倾向，与他们接受的干预措施的特异性作用无关，是患者渴望取悦于他们的医师，使医师感到其医疗活动是成功的。是患者的一种心理、生理效应，对疗效产生正向效应的影响。当然，有时因厌恶某医生或不信任某医院而产生负向效应。

3. 安慰剂效应（placebo effects）某些疾病的患者，由于依赖医药而表现的一种正向心理效应，因此，当以主观症状的改善情况作为疗效评价指标时，其"效应"中可能包括有安慰剂效应在内。

4. 潜在的未知因素的影响　人类的知识总是有局限性的，很可能还有一些影响干预效应的因素，但目前尚未被我们所认识。

鉴于上述情况，为了避免偏倚，在设置实验组和对照组时，要求除了实验组接受的干预措施外，两组在其他方面都必须是相似的。设立对照的方式主要有以下几种：

1. 标准疗法对照（有效对照）是临床试验中最常用的一种对照方式，标准疗法对照是以常规或现行的最好疗法（药物或手术）作对照。适用于已知有肯定疗效的治疗方法的疾病。

2. 安慰剂对照　安慰剂通常用乳糖、淀粉、生理盐水等成分制成，不加任何有效成分，但外形、颜色、大小、味道与试验药物或制剂极为相近。在所研究的疾病尚无有效的防治药物或使用安慰剂后对研究对象的病情无影响时才使用。

3. 自身对照　即实验前后以同一人群作对比。如评价某预防规划实施效果，在实验前需要规定一个足够的观察期限，然后将预防规划实施前后人群的疾病和健康状况进行对比。

4. 交叉对照　即在实验过程中将研究对象随机分为两组，在第一阶段，一组人群给予干预措施，另一组人群为对照组，干预措施结束后，两组对换试验，这样，每个研究对象均兼作实验组和对照组成员，但这种对照必须有一个前提，即第一阶段的干预一定不能对第二阶段的干预效应有影响，这在许多实验中难以保证，因此，这种对照的应用受到一定限制。

此外，尚有历史对照、空白对照等非均衡对照，由于这类对照缺乏可比性，除某种特殊情况外，一般不宜采用。

七、盲法的应用

流行病学实验往往容易出现偏倚，这种偏倚可以来自研究对象和研究者本人，可产生于设计阶段，也可来自资料收集或分析阶段。为避免偏倚可采用盲法（blind method），根据盲法程度可分为以下三种：

1. 单盲（single blind） 只有研究者了解分组情况，研究对象不知道自己是试验组还是对照组。这种盲法的优点是研究者可以更好地观察了解研究对象，在必须时可以及时恰当地处理研究对象可能发生的意外问题，使研究对象的安全得到保障；缺点是避免不了研究者方面带来的主观偏倚，易造成试验组和对照组的处理不均衡。

2. 双盲（double blind） 研究对象和研究者都不了解试验分组情况，而是由研究设计者来安排和控制全部试验。其优点是可以避免研究对象和研究者的主观因素所带来的偏倚，缺点是方法复杂，较难实行，且一旦出现意外，较难及时处理，因此，在实验设计阶段就应慎重考虑该方法是否可行。

3. 三盲（triple blind） 不但研究者和研究对象不了解分组情况，而且负责资料收集和分析的人员也不了解分组情况，从而较好地避免了偏倚。其优缺点基本上同双盲，从理论上讲该法更合理，但实际实施起来很困难。

与上述盲法相对应的是非盲法，又称开放试验，即研究对象和研究者均知道试验组和对照组的分组情况，试验公开进行。这多适用于有客观观察指标的临床试验，例如，关于外科手术、改变生活习惯（包括饮食、锻炼、吸烟等）的干预效果的观察。其优点是易设计和实施，研究者了解分组情况，便于对研究对象及时做出处理，其主要缺点是容易产生偏倚。

八、确定实验观察期限

流行病学实验是前瞻性研究，在实际时就要根据实验目的和疾病的自然史特点，包括疾病的诱导期、潜伏期、病程、传染与免疫等特点，明确规定每个研究对象开始观察和终止观察的日期。疾病的诱导期是指病因开始作用至疾病发生的一段时间，潜伏期是指疾病发生到出现临床症状、体征的时间间隔。假如，随访观察研究对象没有统一的期限，则研究结果就会有很大的差异。观察期限不宜过长，以避免人口的流动影响结果，只要得到结果就可停止实验。每种特定的实验研究，要求一定的观察时间。如观察疫苗预防效果、宜在当地流行季节前一个月开始预防注射，然后观察一个流行季节。观察药物预防时，一般观察时间不宜过长，通常 1~2 个月或更短些。而对于非传染性疾病如肿瘤、心血管疾病等的实验研究，往往观察的时间较长。

九、对象的随访和资料收集

在流行病学实验中，所有的研究对象，不论是试验组或对照组，都要进行随访，并且要在相同的时期内，同等的对试验组和对照组随访，并要求所有研究对象都坚持随访到终止期，不可中途放弃或遗漏。随访观察的内容，主要有三方面：①干预措施的状况；②有关自变量的信息；③结局或判断结局的各种资料；一般可通过调查表和记录表全部表现出来。有时观察终点，也就是结局变量，要对研究对象作体检或采样监测才能获得。

现场试验的资料主要靠下列方法收集：

1. 随访研究对象或知情人；
2. 通过研究对象体检或采样检测，例如测量血压、尿糖、血脂、抗体等数据；
3. 到有关单位获取，多为档案、记录，如气象和环境监测资料、医院的病案、户籍出生、死亡登记、工厂企业就业和工种档案、工作日志等；
4. 对环境的调查，如居住及环境卫生情况、饮用水源、水质、工作环境等。

第三节 实验研究资料的整理与分析

实验资料的收集与分析和其它任何研究资料的处理一样，应该首先将研究资料进行核对、整理，然后对资料的基本情况进行描述和分析。为了保证达到实验研究的预期目的，在资料的收集和分析过程中还要注意防止偏倚的产生。

一、实验研究的偏倚及其控制

流行病学实验存在的主要偏倚是退出（withdrawal），指研究对象在随机分配后从实验组或对照组退出。退出会使原定的样本量不足，使研究工作效力降低，如果试验组和对照组研究对象退出不均衡，更会对研究结果的真实性产生很大的影响。退出的原因可能有以下几种：

1. 不合格

一般在实验研究时，研究者对实验组往往观察仔细，因此实验组中的不合格者比较容易发现，结果造成不合格而被退出的人数多于对照组。有时，研究者对某些研究对象的反应的观察与判断可能有倾向性，对效果差的可能特别注意，因此，更易于从中发现其不符合标准并将其退出，而留在组内的往往是效果较好的研究对象，由此而得出的结论往往比实际的效果要好。鉴于上述情况，有的学者主张在随机分配后发现不符合标准者，可根据入选标准将研究对象分为"合格者"和"不合格者"两个亚组分别进行分析，如果两者结果不一致，则在下结论时应慎重。

2. 不依从

是指研究对象在随机分组后，不遵守实验所规定的要求。实验组成员不遵守干预规程，相当于退出实验组，对照组成员不遵守对照规程而私下接受干预规程，相当于加入实验组。研究对象不遵守实验规程的原因一般有以下几种：（1）实验或对照措施有副作用。（2）研究对象对实验不感兴趣。（3）研究对象的情况发生改变，如病情加重等。为了防止和减少不依从者的出现，对研究对象要进行宣传教育，讲清实验目的、意义和依从性的重要性；要注意设计的合理性，实验期限不宜过长；要简化干预措施等，以便取得研究对象的支持与合作。

3. 失 访

是指研究对象因迁移或与本病无关的其他疾病死亡等而造成失访。在流行病学实验中应尽量设法减少失访，一般要求失访率不超过10%，在实验中出现失访时，尽量用电话、通讯或专门访视进行调查。在资料分析时，应考虑两组失访率的差异，若失访率不同，则资料分析结果可能产生偏倚，即使两组失访率相同，但失访原因或失访者的特征不同，则两组预后也可能不同。

为了克服退出所造成的偏倚，在流行病学实验分析中也可采用意向治疗分析（intention

to treat analysis，ITT）的方法，该方法首次应用是在 1961 年，它是指所有病人被随机分入 RCT 中的任意一组，不管他们是否完成试验，或者是否真正接受了该组治疗，都保留在原组进行结果分析。ITT 的目的在于避免选择偏倚，并使各治疗组之间保持可比性。此外，采用相对和绝对危险度指标全面、定量地描述研究结果也是实验研究数据分析和结果解说中的重要问题。

二、实验效果的主要评价指标

实验效果评价指标的选择应视实验目的而定，但基本原则是：1. 不但用定性指标并尽可能用客观的定量指标；2. 测定方法有较高的真实性（信度）和可靠性（效度）；3. 要易于观察和测量，且易为受试者所接受。具体指标如下：

1. 评价治疗措施效果的主要指标

（1）有效率

$$有效率 = \frac{治疗有效例数}{治疗的总例数} \times 100\% \quad (公式7-3)$$

（治疗有效例数包括治愈人数和好转人数）

（2）治愈率

$$治愈率 = \frac{治愈人数}{治疗人数} \times 100\% \quad (公式7-4)$$

（3）N 年生存率

$$N 年生存率 = \frac{N 年存活的病例数}{随访满 N 年的病例数} \times 100\% \quad (公式7-5)$$

这是直接法计算生存率的公式。当观察期较长，观察对象加入观察的时间不一致，观察期间因其他原因死亡或失访，为了充分合理利用研究的资料信息，可用寿命表法进行分析。

2. 评价预防措施效果的主要指标

（1）保护率（protective rate，PR）

$$保护率 = \frac{对照组发病（或死亡）率 - 实验组发病（或死亡）率}{对照组发病（或死亡）率} \times 100\% \quad (公式7-6)$$

$$PR 95\% 可信限 = PR \pm 1.96 \sqrt{\frac{1}{P_1^2} \times \frac{P_2 Q_2}{n_2} + \frac{p_2^2}{P_1^4} \times \frac{P_1 Q_1}{n_1}} \times 100\%$$

n_1、n_2 分别为对照组、实验组人数

P_1、P_2 分别为对照组、实验组发病率；$Q_1 = 1 - P_1$，$Q_2 = 1 - P_2$

（2）效果指数（index of effectiveness，IE）

$$效果指数 = \frac{对照组发病（或死亡）率}{实验组发病（或死亡）率} \quad (公式7-7)$$

此外，治疗措施效果的考核还可用病死率、病程长短、病情轻重及病后携带病原状态、后遗症发生率、复发率等指标评价；预防措施效果考核可用抗体阳转率、抗体滴度几何平均数、病情轻重变化等指标评价；考核病因预防可用疾病发病率、感染率等指标评价。

第四节　实验研究的偏倚以及优缺点

一、实验研究中应注意的问题

（一）伦理道德问题

流行病学实验以人作为对象开展研究是一项十分严肃谨慎的工作，为了确保研究对象的

人身安全，防止在实验中自觉或不自觉地发生不道德行为，必须在实验中遵循伦理道德，在开始人群实验前，必要时应先做动物实验，初步验证此种实验方法合理、效果良好、无危害性。特别是设置对照时，必须以不损害受试者身心健康为前提。如安慰剂对照是临床试验设置对照组常用的一种方法，这不是对研究对象的欺骗，而是真正负责任的做法，这是因为：①经研究证明，安慰剂虽然没有药理作用，但在临床观察中确有正面效果；②安慰剂对照一般是严格限制在不损害研究对象利益前提下进行的；③在人体实验前任何药物和疗法的效果只是一种估计，既然要进行临床试验，就意味着某种药物和疗法是否有效尚未定论，用随机安慰剂对照正是要科学地验证其有效性和安全性。这比把一种尚未肯定有效甚或有害的药物或疗法推广应用更符合道德准则。在一般情况下，研究者应将实验目的、方法、预期效果以及危险告知受试者及其家属，征得他们的同意。

（二）可行性问题

在正式实验前，应先在小范围做一次少量人群的预实验（pilot study），其目的是检验实验设计的科学性和可行性，以免由于设计不周，盲目开展实验而造成人力、物力和财力的浪费。以往的经验证明，预实验也必须像正式实验一样地认真进行才具有科学的意义，如果随便选择一个地方和人群做预实验，不具备实验设计方案中的基本条件，是不可行的。反之，若给预实验以多种特殊条件，使之得天独厚，以证明实验设计的正确可行，则更是错误的。只有在避免了各种主观因素干扰，经过认真的预实验后，如果取得成功，才能按设计方案进行正式的大规模实验。

（三）研究对象的依从性问题

所谓"依从性"是指研究对象服从实验安排，按照要求完成全程试验。在资料的收集和分析部分已经说明了依从性的重要。从理论上讲，失访率不应大于5%，实际工作中应在10%以内。

（四）资料的完整性

这是流行病学实验研究中很重要的，但却容易被忽视的问题。实验者对实验前、实验进行中、实验结束时全过程的测定和调查要争取使资料准确和完整。尤其不能忽视对于对照组的资料收集。所有研究对象要进行全部指标的测定和调查。在多个地区的合作实验时，由于资料的收集过程层次较多，持续时间较长，更要防止遗漏。

在实际工作中，应及时检查、核对收集到的资料。发现错误，要尽快改正或补充测定和调查。不要等资料全部收集完成后再核对资料。

二、实验研究的优缺点

（一）主要优点

1. 研究者根据实验目的，预先制定实验设计，能够对选择的研究对象、干预因素和结果的分析判断进行标准化。

2. 按照随机化的方法，将研究对象分为实验组和对照组，做到了各组具有相似的基本特征，提高了可比性，减少了偏倚。

3. 实验为前瞻性研究，在整个试验过程中，通过随访将每个研究对象的反应和结局自始至终观察到底，实验组和对照组同步进行比较，最终能做出肯定性的结论。

（二）存在缺点

1. 整个实验设计和实施条件要求高、控制严、难度较大，在实际工作中有时难以做到。
2. 受干预措施适用范围的约束，所选择的研究对象代表性不够，以致会不同程度地影响实验结果推论到总体。
3. 研究人群数量较大，实验计划实施要求严格，随访时间长，因此依从性不易做得很好，影响实验效应的评价。有时可涉及医德问题。

（吴　涛）

第八章 流行病学研究中的误差及其控制

第一节 概 述

在流行病学研究中，由于各种因素的影响，研究结果与真实情况之间往往存在差异，同一问题的研究有时甚至会得出完全相反的结论。

研究的真实性，或称有效性或效度（validity），是指研究收集的数据、分析结果和所得结论与客观实际的符合程度。如果研究结果与客观实际存在不符合的地方，这就是研究误差，它是研究真实性的反面。

一、误差的概念

误差（error）是指事物的某一特征的度量值偏离真实值的部分。误差不但有大小，也有方向，即定量误差与定性误差。定性误差是指性质判断错误，可以是直接的分类错误，也可是在定量误差的基础上的归类错误。

任何一项科学研究都可能产生误差，但重要的是研究者在研究中如何识别误差以及了解误差对结果产生什么样的影响，并及时采取相应的措施减少误差的产生。因此，研究时必须使用"金标准"（golden standard）或相对可靠的方法来度量，才能保证结果的真实性。

二、误差的种类

流行病学研究中常见的研究误差可以分为随机误差和系统误差（或称为偏倚）两部分。

1. 随机误差

随机误差（random error）没有固定方向和固定大小，其绝对值和方向（符号）交错变化，一般呈有界范围的正态分布，来自于随机抽样变异和测量随机变异等。随机误差是普遍存在的，不可能完全避免。

2. 系统误差

研究误差中的系统误差（systematic error）部分也称为偏倚（bias），指研究设计、实施、分析和推断过程中存在的各种对暴露因素与疾病关系的错误估计，系统地歪曲了暴露因素与疾病间的真实联系。系统误差有固定方向和固定大小（绝对值和方向保持恒定），来自于对象选取、测量和统计分析等的方法学缺陷。一般分为混杂偏倚、信息偏倚和选择偏倚三类。

以往流行病学研究的危险因素常常是强关联，如吸烟与肺癌的相对危险度可高达30，即使研究中的混杂和偏倚影响很大，也不至于改变研究结论。但现在流行病学研究的危险因素，如有关食物、空气、环境乃至通讯工具与疾病关系的流行病学研究，绝大多数是多种因素微弱影响的共同作用，往往表现为弱关联。同一问题的研究，即使误差的影响很小，也足以掩盖真正危险因素的作用，并导致截然相反的研究结果。因此，在流行病学研究过程中，研究设计的原则就是要如何减少这两种来源的误差，识别和控制随机误差和偏倚对研究结果可能造成的影响，从而保证研究结果的真实性。

第二节 随机误差

广义的随机误差泛指因机遇不同所造成的，估计总体参数时产生的误差，机遇既可以指选择的机遇也可以指时间的机遇。狭义的随机误差是指随机抽样所得均值与总体参数之间的差异，主要来源于研究对象的选择过程（即抽样），简称抽样误差（sampling error），通常与测量过程及其他变量的影响无关，可通过统计学方法予以估计和评价。

随机误差在抽样研究中普遍存在，不可避免，所有的流行病学研究，包括病例对照研究、队列研究等都存在抽样误差。从某种意义上讲，所有研究对象，从字面上看无论是否提到抽样，都是研究结果可能推论到的人群的一个样本。即使研究对象包括了一个人群中的所有个体，其也可被视为更大范围人群的一个样本。由此，统计学上"如果以整个人群而不是其中的一个样本作为研究对象，则不存在抽样误差"的说法不适合流行病学研究。总的说来，实际研究对象总是一个样本。

一、抽样误差的特点

抽样误差有两个特点：第一，样本的观察值都在平均值上下分布；第二，随机误差的范围可以用可信限估计。当采用随机方法加大样本量时，从许多无偏倚样本中得到的样本均值（观察值均数）总是趋向于接近总体均值。

二、样本量和研究功效

由于存在着随机误差需要考虑，流行病学研究中评价各种因素对研究结果的影响时，还必须考虑研究的功效（power），也叫做把握度，可以解释为拒绝无效假设的能力，即如果在人群中暴露与疾病确实存在联系，要通过对多少人的研究才能发现这种联系，并且有一定的把握说明这种联系不是由随机误差造成的。也即当无效假设（H_0：OR＝1）是错误的时候，研究有多大的把握拒绝无效假设而支持备择假设（H_A：OR≠1）。这就是样本大小和研究效率问题。研究者自然希望研究有足够的功效，以便能够发现暴露与疾病之间存在的即使很弱的联系；另一方面，研究者又希望研究样本尽量小，以便能够减少研究时间和经费。

在流行病学研究中，减少抽样误差、提高精确性的基本方法是增加研究的样本量。除样本大小外，影响研究精确性的主要设计特征是研究对象或观察人时数在组间的分配问题。样本大小相同的两项研究，正确的设计者将获得更加精确的估计，更具有统计效率。当研究因素无效应时，等比例分配分组是最有效的设计。总之，可以通过增大样本量、合理的设计、使用正确的抽样方法等措施减小随机误差的大小，提高研究的精确性和功效。

第三节 各类偏倚及其控制方法

如果对群体的某一特征作一次测量或者对一个个体的某一特征作多次度量时，对均值的真实性也会产生误差，这时误差的程度取决于各个测量值误差向量之和。当误差向量的方向一致或基本一致时,这种误差称为系统误差。

流行病学中的偏倚属于系统误差,是指在流行病学调查或推论过程中所获结论系统地偏离真实性。由研究设计(方法的本身特点、设计的缺陷等)、实施过程(资料收集方法、检测方法、调查技术等)的不恰当所致。最著名的早期偏倚研究是 Berkson 做的,他在 1946 年证实了采用医院病人对象的病例对照研究容易遭受潜在的选择偏倚,这种偏倚来自于病人入院风险,同病人的多种状况有关,又称为 Berkson 偏倚。

1976年 Miettinen 详细讨论了偏倚的定义,并给出了分类框架,这就是被广泛接受的分类——选择偏倚、信息偏倚和混杂偏倚三大类。选择偏倚主要发生在研究的设计阶段,信息偏倚主要发生在实施阶段,而混杂偏倚主要发生在设计和结果分析两个阶段。

一、选择偏倚

由于研究一般不能包括所有的患病或暴露个体,所以必须选取样本来进行研究。选择偏倚(selection bias)是在研究对象的选取过程中,由于选取方式不当,导致入选对象与未入选对象之间存在系统差异,由此造成的偏倚称为选择偏倚。例如研究对象采用志愿者、方便样本,或者研究对象的无应答或失访等。

(一) 定 义

在流行病学研究中,由于选择研究对象的方法存在问题而使得被选入的观察对象与落选者的某些特征具有系统差别,而导致研究结果偏离真实情况,这种偏倚称为选择偏倚。

研究设计上的缺陷是选择偏倚的主要来源,这种偏倚在研究样本的确定、比较组的选择时很容易产生,也可产生于在资料收集过程中的失访或无应答等。常见的情况是在研究开始时实验组和对照组就存在着除诊疗措施以外的差异,而缺乏可比性。在各类流行病学研究中选择偏倚均可发生,以在病例对照研究和现况研究中为常见。

(二) 种类与来源

根据选择偏倚产生的原因,归纳起来有下面常见的几种。

1. 入院率偏倚

入院率偏倚又叫伯克森偏倚(Berkson bias),1946 年由 J. Berkson 提出。是指利用医院就诊或住院病人作为研究对象时,由于入院率的不同而导致的偏差。现以模拟的例子予以说明。

若在某医院住院病人中选择研究对象进行病例对照研究,以 A 病为对照,研究 B 病与某因素 X 的关系。设人群中 A 病与 B 病患者各为 1000 人,患这两种疾病的病人,暴露于因素 X 者各为 200 人,非暴露于因素 X 者各为 800 人,暴露率均为 20%,求得 OR=1,即 B 病与因素 X 无关(表 8-1)。

表 8-1

疾 病	暴露于 X 者	非暴露于 X 者	合 计	X暴露率(%)
A(对照)	200	800	1000	20
B(病例)	200	800	1000	20
合 计	400	1600	2000	20

再设患 A 病、患 B 病及暴露于因素 X 患者的住院率不同。患 A 病者的住院率为 50%，患 B 病者的住院率为 20%，暴露于因素 X 者的住院率为 40%。若 A 病、B 病及因素 X 是独立的，这样实际住院人数应为：

①患 A 病又暴露于 X 的 200 人中，因 A 病住院率为 50%，住院人数为 100 人；余下的病人中，40% 因暴露于 X 而入院，住院人数为 40 人，合计住院人数为 140 人。

②患 A 病而非暴露于 X 的 800 人中，因 A 病而住院的人数为 400 人。

③同样，患 B 病又暴露于 X 的 200 人中，住院人数为 104 人。

④患 B 病但非暴露于 X 的 800 人中，住院人数为 160 人。

将上述实际住院人数列于表 8-2。

表 8-2　因不同住院率而住院的 A、B 病患者及其与因素 X 的关系

疾病	暴露于 X 者	非暴露于 X 者	合计	X 暴露率（%）
A（对照）	140	400	540	25.9
B（病例）	104	160	264	39.4
合计	244	560	804	30.4

OR=1.86　　χ^2=15.215　　$P<0.01$

可见，A 病与 B 病患者 X 的暴露率由 20% 变更为 25.9% 和 39.4%，显著性检验表明 B 病与因素 X 有显著性联系。由此可见，由于入院率的不同，导致医院所得的样本不能反映人群中病例和对照人群的实际暴露情况，使本来不存在联系的 B 病与因素 X 之间出现了统计学上的联系。这种联系是一种虚假的联系，此即入院率偏倚。

不同疾病在某一类医院的就诊或住院率各异，其原因是多方面的，如不同医院的技术专长、患者所患疾病的严重程度、患者的经济状况、就诊方便以及对疾病的认识水平等因素，均可影响入院率。因此，若在医院内选择研究对象进行流行病学研究时，应注意到可能会出现这种偏倚，对结果的解说要慎重。

2. 现患病例-新病例偏倚

这种偏倚也称奈曼偏倚（Neyman bias）。1955 年 Neyman 提出，在进行回顾性调查时，研究者收集的病例通常只包括调查时的现患病人，无法对那些因患该病而死亡的病例进行调查。因此，现患病例与新病例的构成有所不同，而得出的某种因素与某种疾病的联系会与队列研究的结果有很大差异，这种差异就是现患病例-新病例偏倚。

在病例对照研究或横断面研究时，除了很难调查那些死亡病例外，对那些病程短、已痊愈的病例，轻型、不典型病例、隐伏期的病例也很难进行调查。此外，某些病例在患病后，可能会改变原来的暴露情况。这些情况都会导致现患病例与新发病例的人群某些特征上不一致，故而选用现患病例进行研究的结果就有可能与选用新病例的队列研究的结果产生差异。

这种偏倚在临床研究中很常见。例如 Friedman 等人在美国弗明汉地区对心血管系统疾病的研究中发现：男性居民在队列研究中，具有高胆固醇水平的人，患冠心病的 OR 值为 2.4；而在病例对照研究中，病例组与对照组却无明显差异（OR=1.16）。进一步分析发现，患冠心病的病人在就诊被诊断为该病后，会改变其原来的生活习惯或嗜好，如戒烟、多食低胆固醇食物、多进行体育锻炼等，从而使血中胆固醇水平降低，或与正常人相比胆固醇水平增长速度较慢。所以在病例对照研究中没有发现队列研究中新发病例存在的高胆固醇水平与

冠心病之间的正向关联。

3. 检出症候偏倚

指某因素与某疾病在病因学上虽无关联，但由于该因素的存在而引起该疾病症状或体征的出现，从而使患者及早就医，接受多种检查，使该人群有较高的检出率，以致得出该因素与该疾病相关联的错误结论。在对一些慢性疾病如肿瘤、动脉硬化、结石等进行病因研究时，这种偏倚的意义特别重要。

著名的例子如 Ziel 等（1975）研究雌激素与子宫内膜癌的关系的病例对照研究。他们发现，子宫内膜癌患者的雌激素暴露比例显著高于对照组，认为子宫内膜癌与服用雌激素密切相关。其后又有数名研究者报道了类似的研究结果。但对这一结论，有学者发现是由检出偏倚所致，理由是使用雌激素可以刺激子宫内膜生长，导致子宫容易出血，因而频繁就医，接受检查，从而使医生能及早发现该人群中患子宫内膜癌的病人。而那些未服用雌激素者，由于很少或没有子宫出血症状，而减少了就诊机会，使该病不易及早被诊断出来。而 Ziel 等的研究相当一部分为早期病人，这无形之中使病例组暴露比例上升，从而导致雌激素与子宫内膜癌之间的虚假联系。在同一医院不同科室进行的进一步研究发现，在服用雌激素的子宫内膜癌病人中，79%为早期病人；而在非服用雌激素的子宫内膜癌病人中，早期病人仅占55%。

4. 易感性偏倚

在观察性研究中，分组不可能随机。如果观察对象的某些特点，可能直接或间接的影响观察人群或对照人群对所研究疾病的易感性，那么就容易由于各比较组研究对象的易感性不同而产生易感性偏倚。这类偏倚在传染病研究或职业毒物危害研究中最为常见。

易感性偏倚的典型例子是在对职业性疾病研究中的健康工人效应（healthy worker effect）。当在对某一有毒物质对作业工人的健康危害进行研究时，可能会发现暴露于该有毒物质者的死亡率或某些疾病的发病率反而会比一般人群低。原因可能是接触此类有毒物质者，由于工作性质的需要，其本来的健康水平就比一般人群高，或者对毒物的耐受性比一般人群要强，因而对某些疾病的易感性低所致，不认识这一点就可能会导致错误的结论。近年来的分子生物学研究也表明个体之间对疾病的易感性存在着较大差异，因此在研究中应当注意这种差异的影响，在确定研究对象时避免这种偏倚。

5. 无应答偏倚

无应答者是指研究对象中那些因各种原因没有按照研究设计对被调查的内容予以应答者。某个特定样本中的无应答者的患病状况，以及对某一或某些研究因素的暴露情况与应答者可能不同，由此而产生的偏倚称为无应答偏倚。

无应答偏倚在观察性研究或实验性研究中均可发生。例如 Seltzer 等（1974）以函访调查人群吸烟状况时发现，85%的非吸烟者在一个月内回函应答了调查内容；但在吸烟者中，应答率仅占67%。

另有学者在瑞士开展的一项预防冠心病的实验流行病学研究中发现，那些不愿意参加该项实验的人中，各种慢性病的现患率、嗜酒、喜好高脂饮食以及其它一些健康不利因素的暴露率均比参加者高。

造成无应答的原因是多方面的，如身体健康状况、对健康关心程度、对调查内容是否感兴趣、调查内容过于繁琐或涉及隐私、年龄、受教育程度以及外出未遇等均可影响研究对象的应答率。由于无应答对象的存在，使得从应答者中研究出的结论并不能反映研究因素与疾病的真实联系,除非我们可以了解到无应答者在某些重要的特征或暴露上与应答者没有差异。此外,失访(loss of follow-up)是无应答的另一种表现形式。是指在随访性研究中,研究对象未能按照计划被随访,造成研究样本的选择偏倚。失访在队列研究中很易发生,是此类研究选择偏倚的主要来源之一。

(三) 选择偏倚的控制

对一项研究资料,若要确定其是否存在选择偏倚,并进而对它的大小及方向进行测量,是非常困难的,因为必须了解总体情况或得到可靠的选择概率估计值才行。对存在选择偏倚的资料在一般情况下很难再予校正。因此选择偏倚的控制主要应通过科学的研究设计和认真的实施,尽量避免其发生。具体作法如下:

1. 首先研究者对在整个研究中可能会出现的各种选择偏倚应有充分的了解、掌握

例如所研究疾病是否涉及易感性问题,可否产生易感性偏倚?研究疾病的某些症状或诊断是否与某因素有关,可否产生检出偏倚?研究过程中是否会出现无应答,其原因可能有哪些?可能会出现的各种偏倚会在研究过程中的哪一环节出现?等等。只有这样才有可能在设计时考虑周全,并能采取相应的措施在相应环节阻断此类偏倚产生的可能性,防止或减少其发生。

2. 严格掌握研究对象纳入与排除的标准

不论是观察性研究,还是实验性研究,研究对象的纳入与排除必须有严格、明确、具体的原则与标准,使研究对象能较好的代表其所出自的总体。像在现况研究中抽样样本的选择,队列研究中暴露队列与比较队列的选择,病例对照研究中病例组与对照组的选择等。如后者一般规定,病例的入选原则为新发病例、确诊的病例;对照的入选原则为:①不患所研究的疾病且有暴露于研究因素之可能;②不患与研究因素有关的其它病;③在某些方面与病例组可比等。对其中的一些原则、标准的规定应明确,并严格掌握。如:何为新发病例,何为确诊病例,何为与研究因素有关的疾病等。以避免Neyman偏倚、排除偏倚等。

3. 在研究中采取相应措施,尽量取得研究对象的合作,以获得尽可能高的应答率

队列研究中尽量减少失访,实验性研究中减少中途退出者等。提高应答率的措施比如:作好组织工作,向研究对象宣传研究的意义,调查手段要简便易行,以及对调查内容中敏感问题的处理技巧等。若无应答者比例较大,如超过10%,应对无应答者进行随机抽样调查,并就对研究结果有影响的有关数据与应答者进行比较。若无显著性差异,说明对结果影响不大,可不必介意。若有显著性差异,说明对研究结果有影响,应作出适当说明,此时对研究的结论或结论的外推应持慎重态度。

4. 尽量采用多种对照

如在病例对照研究中,理想的研究对象应是人群中的全体病例和非病例,或其有代表性的样本,但往往很难做到。虽然在医院中选择研究对象易产生入院率偏倚,但由于方便、易行、应答率高等优点,在实际研究工作中常常采用。此时最好选用两个或两个以上的对照组,如不同病种对照,其中之一最好取自社区一般人群。如此通过比较不同对照组的结果,可对是否存在选择偏倚予以判断,并可对结果的真实性作出估计。

二、信息偏倚

研究对象选取后,就要进行信息采集。信息偏倚(information bias)又称测量偏倚或观察偏倚,是指研究过程中进行信息收集时,由于测量或资料收集方法的问题,使得获取的资

料存在系统误差。由于流行病学的暴露或疾病多为分类测量,信息偏倚的表现是使研究对象的某种特征被错误分类,如暴露于某因素者被错误地认为是非暴露者,某病的患者被认为是非患者,研究对象不正确地反映某些信息致使研究者判断错误等。所以信息偏倚又可称为错误分类偏倚(misclassification bias)。

(一) 定 义

信息偏倚指在流行病学研究的实施过程中,在资料的观察、测量及收集时获取了非真实的信息而导致的系统误差。各类流行病学研究中都可发生信息偏倚,可来自于研究对象、研究者本身,也可来自于测量仪器、设备、方法等,或者来自疾病的诊断标准不明确等。

(二) 常见的信息偏倚

信息偏倚的种类很多,常见的对研究结果影响较大的有以下几种:

1. 诊断怀疑偏倚

由于研究者事先了解研究对象对研究因素的暴露情况,如服用某种药物或具有某种已知的暴露因素,因而会怀疑其已患某病,在研究过程中主观上倾向于应该出现某种阳性结果,于是在作诊断或分析时,倾向于自己的判断。如对暴露者或实验组进行非常细微的检查,而对非暴露者或对照组则不然,从而使研究结果出现偏差。由此而造成的偏倚称为诊断怀疑偏倚。诊断怀疑偏倚多见于临床试验研究和队列研究,在病例对照中也可产生,特别是在诊断亚临床病例、判断药物的毒副反应时,这种偏倚最容易产生。

此类偏倚亦可发生于研究对象。若研究对象知道自己暴露于研究因素的情况,或了解研究的目的,主观因素可对研究结果造成影响。如在一项评价急性心肌梗死幸存者住院二周或三周的疗效研究中,无并发症的急性心肌梗死幸存者经医师及本人同意即可作为研究对象,以随机抽样和以年龄、性别配比方法分为住院二周组和住院三周组,以是否恢复工作和是否出现新症状等作为观察指标,随访半年,结果发现两组效果基本相同。但在此项研究中,若病人知道研究目的和自己的住院期限,那么主观因素可能会对研究结果产生很大影响,如对是否出现新症状的主观判断、恢复工作的时间等指标产生影响。

2. 暴露怀疑偏倚

研究者若事先了解研究对象的患病情况或某种结局,可能会对其按照与对照组不可比的方法探寻与某病或某结局有关的因素,如多次认真的调查、询问病例组某因素的暴露史,漫不经心的调查、询问对照组,从而导致错误结论,此即暴露怀疑偏倚。对同一组研究对象在资料收集过程中以不同的调查方法进行调查,结果可出现很大差异。如 Nishiyama 等(1962)对儿童甲状腺癌过去放射性物质暴露史的调查发现,在 36 例和 22 例两组患儿中,以常规和查阅医疗记录方法调查有暴露史者分别为 28% 和 0%;而经过深入的调查和询问,有暴露史者分别达 47% 和 50%。

3. 回忆偏倚

回忆偏倚是指研究对象在回忆以往发生的事情或经历时,由于在准确性和完整性上的差异所致的系统误差。回忆偏倚在病例对照研究中最常见,其产生与以下原因有关:①调查的事件或因素发生的频率甚低,未给研究对象留下深刻印象而被遗忘;②调查事件是很久以前发生的事情,研究对象记忆不清;③研究对象对调查的内容或事件关心程度不同,因而回忆的认真程度有异。

例如 Slewart 等(1956)在对幼儿白血病的病因研究中发现,在病例对照研究中,多数患儿母亲于本次怀孕期间和孕前接受 X 线照射的比例大于对照组，以腹部和骨盆接受 X 线检查者最为明显，认为幼儿白血病与母亲孕期接受 X 线照射有关。但一些学者认为，两组妇女孕期 X 线照射史可能会不同，但不能排除回忆偏倚。因为由于幼儿的患病或死亡给病例组母亲在心理上带来的创伤，使她们能比较认真地回忆孕期各方面的情况，甚至家属也可提供线索。而对照组母亲由于无该创伤，可能会不认真进行回忆，使暴露率较病例组低。从而夸大了 X 线照射与幼儿白血病之间的关联。所以有学者进一步比较了孕妇接受 X 线照射的医院记录与其回忆结果，发现两者的符合率只有 73%，说明在该项研究中确实存在回忆偏倚。

4. 报告偏倚

与回忆偏倚不同，报告偏倚是指由研究对象有意的夸大或缩小某些信息而导致的偏倚，因此亦被称作说谎偏倚。常见的当暴露因素涉及生活方式或隐私如收入、婚育史、婚外性行为时，研究对象会因种种原因隐瞒或编造虚假信息，从而产生说谎偏倚。例如：调查性乱史或青少年的吸烟史等，可能会有相当部分的被调查者不能如实报告。有些人有冶游史，可能会难于陈述实情。若涉及劳保、福利等，对一些问题的调查如职业危害，研究对象可能会夸大某些暴露信息。在对某些职业人群进行健康调查时，一些研究对象可能会为继续从事该职业而故意缩小某些患病信息。

（三）信息偏倚的控制

1. 研究者对拟进行的研究要制定明细的资料收集方法和严格的质量控制方法。

要设计统一的调查表，对调查内容或测量项目、指标要规定明确、客观的标准，并力求量化或等级化。以问询方式调查的内容，每一问题都要有明确的答案，不能模棱两可。研究中使用的仪器、设备应予标定，试剂、试药应符合要求。对调查员要进行统一培训，使其充分了解调查项目或内容的含义，统一标准、统一方法、统一调查技巧。对研究对象要作好宣传、组织工作，以取得研究对象的密切合作，使他们能如实、客观的提供拟收集的信息。

2. 尽可能采用"盲法"收集资料。

如双盲，使调查者与研究对象对分组情况及有关内容均不知晓，以避免诊断怀疑偏倚、暴露怀疑偏倚或报告偏倚等。如此在调查过程中虽然仍有可能发生信息偏倚，导致错误分类，但由于对比组间资料的准确度相似，即便发生错误分类，属于无差异错误分类的可能性较大，可据此对研究结果外推的可靠性作出相应的估计。

3. 尽量采用客观指标的信息。

如应用实验室检查结果、查阅研究对象的诊疗记录或健康体检记录作为调查信息来源等。必须通过询问方式收集资料时，应尽量采用封闭式问题。此外，在询问时可同时收集一些与调查内容看似无关的变量来分散调查者或被调查者的注意力，以减少主观因素对信息准确性的影响。

4. 在调查询问研究对象的远期暴露史时，由于记忆力的限制，很难避免回忆偏倚。此时可通过一定的调查技巧加以避免，如可选择一个与暴露史有联系的鲜明的记忆目标帮助其联想回忆等。此外对询问到的暴露史在条件允许时，尽可能地与客观记录核实、对比。在以询问方式收集信息时，某些情况下报告偏倚很难避免，如对敏感问题的调查等，此时可通过调查知情人或相应的调查技术获取正确的信息。

5. 资料校正方法。

对信息偏倚，除了在方法学上杜绝其来源外，可根据调查所得资料获得某种信息的灵敏度与特异度，进一步在资料分析过程中将含有信息偏倚的资料予以校正。具体校正方法和步骤可以参考其他相关书籍。

三、混杂偏倚

混杂偏倚（confounding bias）或称混杂，是指在流行病学研究中，由于一个或多个潜在的混杂因素的影响，掩盖或夸大了研究因素与疾病（或事件）之间的联系，从而使两者之间的真正联系被错误地估计。混杂偏倚在分析性研究、实验性研究中均可发生，以前者为多见。混杂偏倚是现代流行病学中的一个中心概念。

（一）混杂的概念

混杂偏倚是指暴露因素与疾病发生的相关（关联）程度受到其他因素的歪曲或干扰。混杂的本来含义是"混合掺杂"（mixing together），这里是指暴露因素对疾病的独立效应与混杂因素的效应混在一起，造成对暴露因素效应的估计偏倚。

导致混杂产生的因素称为混杂因素（confounder），亦称混杂因子。

1. 混杂因子的基本特点

判断一个变量是否是混杂因子有三条标准。外来变量要成为混杂因子，必须具备下述三个特征，但这仅是混杂因子的必需条件而非充分条件。

混杂因素的基本特点是：

(1) 必须是所研究疾病的独立危险或保护因子。

(2) 必须与研究因素（暴露因素）有关。

(3) 一定不是研究因素与研究疾病因果链上的中间环节或中间步骤。

这是混杂因素成立的基本条件。具备这几个条件，如果在比较的各人群组中分布不均，即可导致混杂偏倚产生。如在关于吸烟与肺癌关系的病例对照研究中，年龄即具备这样的条件，如果病例组与对照组年龄分布不均衡，即可导致对吸烟与肺癌关系的错误估计。

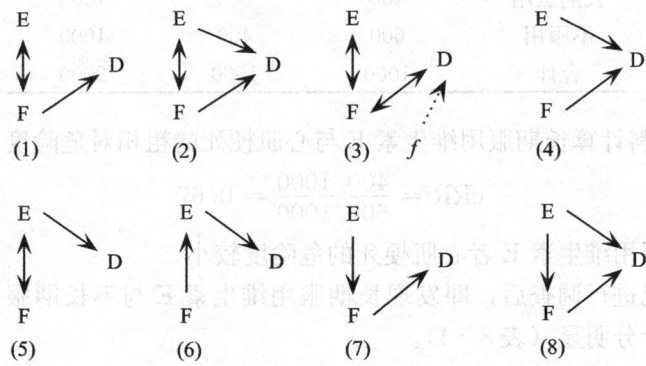

⟷表示一般相关；⟶表示有因果联系；E：研究因素；D：研究疾病；F：外来因素；f：伴随因子。(1)~(3)示混杂因素成立，F为混杂因素；(4)~(8)示混杂因素不成立，F不是混杂因素。

图中(1)~(3)为混杂因素成立的几种情况。在这几种情况中，F均符合混杂因素的概念，因此F是混杂因素。其中(3)表示f是隐藏的F的伴随因子，始终与F相伴随。图(4)~(8)为混杂因素不成立的几种情况，因为(4)~(6)皆缺少一个条件，(7)、(8) F为E、D联系的一个中间环节，因此F不是混杂因素。

图 8-1 混杂因素成立与不成立的几种情况示意图

2. 混杂因子的判定和测量

混杂偏倚的判定原则：某一可疑混杂因素的混杂作用，可以通过比较含有该因素时研究因素与疾病的效应估计值（如 RR，OR），与排除该因素后的效应估计值来实现。如果混杂因素调控前后的暴露因素效应估计值存在有意义的差异，则认为产生了混杂偏倚。

设含有某可疑混杂因素（f）时，研究因素与研究疾病的效应估计值为 cRR 或 cOR，称作粗 RR 或粗 OR；按该可疑混杂因素调整后的效应估计值，即排除掉该因素的可能混杂作用后的效应估计值为 aRR（f）或 aOR（f），称作调整 RR 或调整 OR，aRR（f）可用 Mantel-Haenszel 分层分析方法计算。

混杂偏倚的方向与程度可以用下式测量：

$$混杂偏倚 = \frac{cRR - aRR(f)}{aRR(f)}$$

上式的值的大小为混杂的程度。若值=0，为无混杂，cRR 不存在 f 的混杂偏倚。当值≠0 时，则 f 有混杂作用，cRR 存在 f 的混杂偏倚；若为正值，为正混杂（positive confounding），亦称阳性混杂，即由于 f 的混杂作用，使 cRR 高估了研究因素与研究疾病之间的联系；若为负值，为负混杂（negative confounding），亦称阴性混杂，即由于 f 的混杂作用，使 cRR 低估了因素与研究疾病之间的联系。

（二）混杂偏倚举例

例如：有一项研究长期服用维生素 E 能否减少心肌梗死危险的队列研究，分别观察长期服用了维生素 E 和没有服用维生素 E 的两组各 1000 人，最终两组研究对象的心肌梗死结果如下：

表 8-3　长期服用维生素 E 与心肌梗死队列研究

维生素 E	心肌梗死 有	心肌梗死 无	合计
长期服用	400	600	1000
不服用	600	400	1000
合计	1000	1000	2000

根据表 8-3 资料计算长期服用维生素 E 与心肌梗死的粗相对危险度（cRR）得：

$$cRR = \frac{400/1000}{600/1000} = 0.67$$

结果显示长期服用维生素 E 者心肌梗死的危险度较小。

但对吸烟的情况进行调查后，即发现长期服用维生素 E 与不长期服用维生素 E 的人群相比，吸烟率差别十分明显（表 8-4）。

表 8-4　长期服用维生素 E 人群中吸烟的情况

吸烟	长期服用维生素 E 服用	长期服用维生素 E 不服用	合计
吸烟	270	880	1150
不吸烟	730	120	850
合计	1000	1000	2000

而吸烟同时又是心肌梗死的危险因素，可从表 8-5 的资料中发现。

表 8-5 吸烟与心肌梗死的关系

吸烟	心肌梗死		合计
	有	无	
吸烟	820	330	1150
不吸烟	180	670	850
合计	1000	1000	2000

可见，吸烟与心肌梗死和服用维生素 E 均有关，且在暴露组与对照组中分布不均衡，吸烟有可能是潜在的混杂因素。

按是否吸烟对服用维生素 E 与心肌梗死的关系进行分层分析（见表 8-6），结果发现长期服用维生素 E 并无减少心肌梗死危险的作用，相反危险似乎还增加了。

表 8-6 长期服用维生素 E 与心肌梗死按是否吸烟的分层分析

维生素 E	吸烟组		不吸烟组	
	心肌梗死		心肌梗死	
	有	无	有	无
长期服用	240	30	160	570
不服用	580	300	20	100
层内 RR	RR=1.32		RR=1.27	

根据表 8-6，用 Mantel-Haenszel 方法计算按吸烟调整的长期服用维生素 E 与发生心肌梗死的相对危险度 aRR 得：

$$OR_{MH} = \frac{(240 \times 300/1150) + (160 \times 100/850)}{(580 \times 30/1150) + (20 \times 570/850)} = \frac{81.43}{28.54} = 2.85$$

从上面的计算可以看到，没有考虑吸烟有可能造成的混杂时的粗相对危险度（cRR）是 0.67，而后来按是否吸烟进行分层分析后，得到的调整后的相对危险度（aRR）是 2.85。服用维生素 E 与心肌梗死的效应估计值 RR 在调整吸烟这个因素前后发生了很大的改变。这提示我们吸烟是一个混杂因素，它歪曲了长期服用维生素 E 与发生心肌梗死的危险之间的真正联系，所以应予调整，调整后的 RR 结果才比较可信。

上述例子中存在的混杂偏倚的方向与程度的测量：

$$混杂偏倚 = \frac{0.67 - 2.85}{2.85} = \frac{-2.18}{2.85} = -0.765$$

得值≠0，且为负值，表明吸烟对长期服用维生素 E 与发生心肌梗死的危险之间的关系起混杂作用，方向为负混杂，使得原本应该是正向的关联变成了虚假的保护性关联。RR 值的大小低估 76.5%。

（三）混杂的控制

混杂偏倚在设计阶段可以通过配比、随机化分配或限制进入（选择混杂因素的某个层的对象）等方法来控制。在资料分析阶段也可以通过一定的统计处理方法予以控制。

1. 限　制

针对某一或某些可能的混杂因素，在设计时对研究对象的入选条件予以限制。例如前述在研究口服避孕药与心肌梗死的关系时，考虑到年龄可能为混杂因素，可只选某一年龄组的妇女作为研究对象；在研究吸烟与冠心病的关系时，考虑年龄与性别可能均为潜在的混杂因素，可规定研究对象仅限于某社区内 40~50 岁的男性居民等。

对研究对象针对潜在的混杂因素实行限制后，可得到同质的研究对象，从而可防止某些混杂偏倚，有利于对研究因素与疾病之间的关系作出较为准确的估计。但是在这种情况下，研究对象对总体的代表性可能会受到影响，因而研究结论的外推性会受到一定限制。

2. 配　比

配比是指在为指示研究对象选择对照时，使其针对一个或多个潜在的混杂因素与指示研究对象相同或接近，从而消除混杂因素对研究结果的影响。配比在非实验性和实验性研究设计中均可应用。例如在队列研究中，通过配比使暴露队列与非暴露队列潜在混杂因素的频率相同；在病例对照研究或临床试验中，通过配比得到在某一（些）混杂因素方面与病例组或试验组可比的对照组。配比可分为个体配比和成组配比。个体配比是为每一位研究对象根据要控制的混杂因素配上一个或多个对照。成组配比是为一组研究对象配上一个潜在混杂因素频率相似的对照组。

一般来说，对某一因素进行配比可以消除掉该因素的可能混杂作用，提高统计效率，但同时也失掉了对这一因素进行分析的机会，既不能分析其作为研究疾病的危险因素的作用，也不能分析该因素与其它因素间的相互作用，造成信息丢失。由此可见，人们自配比获得效率又丢失信息，若所选配比因素越多，丢失的信息亦越多。因此，配比因素不宜太多，一般认为，以只列入主要的、明显的混杂因素为宜。

3. 随机化

指以随机化原则使研究对象以等同的几率被分配在各处理组中，从而使潜在的混杂因素在各组间分布均衡。随机化方法常用于实验性研究，以在临床试验中最常用。随机分配方法分为简单随机分配与分层随机分配。简单随机分配是按照随机分配的原则，直接将研究对象分配在各组中。这种方法适合于在对混杂因素的情况了解不太充分时应用。分层随机分配是根据拟控制的混杂因素先将研究对象分层，然后再将每一层的研究对象随机分配在各组中。这种方法适合于在对主要混杂因素充分了解的情况下应用。如在一项关于药物疗效的临床试验中，病情为混杂因素，可先将研究对象按病情轻重分层，然后再将各层研究对象随机地分配到实验组与对照组。

4. 混杂偏倚在资料分析阶段也可以通过一定的统计处理方法予以控制。

调控的统计方法有标准化率分析、分层分析和多变量分析方法等。如前所述，可以将研究资料按照混杂因素分层，若各层间研究因素与疾病之间的联系一致，可用 Mantel-Haenszel 分层分析方法进行分析，得到将该混杂因素调整后的效应估计值。如果欲控制的混杂因素较多，往往受样本量的影响，分层分析常不适用。在这种情况下，可应用多因素分析方法予以控制，如多元协方差分析、多元 Logistic 回归分析等。

[本章小结]

本章概括的介绍了流行病学研究中存在的各种误差，包括随机误差、系统误差。系统误差（又称偏倚）又可以分为选择偏倚、信息偏倚和混杂偏倚三大类。分别介绍了它们的定义、常见类型及其各自的控制方法。

在流行病学研究中，各种误差产生的原因很多，常由于抽样方法的不同、样本选择的不同、测量仪器不精确、试剂不纯、操作不符合要求以及结果分析时使用错误的方法等而引起。偏倚作为一种系统误差，影响了流行病学研究结论的有效性，其测量、控制和分析方法还有待于进一步发展。随机误差在抽样研究中普遍存在，不可能完全避免，但是可以通过合理的设计、使用正确的抽样方法、增大样本量等措施使之减小。

因此，研究者在研究之前要充分认识各类误差（包括随机误差和偏倚）产生的条件和原因，以及对研究结果可能产生的影响，在研究的各个阶段采取相应的措施加以避免或排除，以使研究结果尽量与真实情况相符。

(朱燕萍　胡永华)

第九章 暴发调查

第一节 概 述

一、概 念

暴发（outbreak）是指在一个局部地区或集体单位的人群中，短时间内突然发生许多相同症状的病人。暴发主要是指传染病的暴发。传染病的暴发有集中、同时的暴发，也有连续、蔓延的暴发。前者如呼吸道传染病、食物中毒的暴发；后者如痢疾、伤寒、甲型病毒性肝炎的暴发等。暴发也有非传染病的。如"麻痹症"暴发，"抽搐症"暴发，出血性疾患暴发，急性皮炎暴发等，表现形式多种多样。对非传染病暴发调查的思路、方法及步骤与对传染病的大同小异。

然而，随着流行病学研究范围的扩大，出现暴发的不仅仅是疾病，凡是与人群健康有关的卫生事件，如农药或食物中毒、意外伤害、环境公害、恐怖事件、自然灾害、灾难心理紊乱等，都需要进行事故现场的调查，这些调查处理的目的、原则、方法基本相似。但是，不同现场的性质、场所、范围、要求等都有所不同，方式和措施等各有所异，所以必须要结合实际情况具体分析，有针对性地采取措施，控制事态发展，减少意外损失和伤亡，并引以为戒。

针对暴发的流行病学调查称为暴发调查（outbreak survey）。暴发调查是流行病学的研究方法之一，属观察法、描述性研究，可以纳入现场流行病学（Field epidemiology）的范畴。现场，一般是指人群生活、生产、工作、试验的场所，也可指发生案件或事故的场所及发生时的状态。现场流行病学是流行病学原理和方法在现场流行病学工作中的具体应用。美国学者 Gregg 在他的专著中认为现场流行病学是流行病学在①要解决的问题出乎预料之外；②必须立即对该问题做出反应；③必须亲赴现场；④必须及时采取措施等情况下的应用。

现场流行病学包含一系列的研究方法，多种流行病学的研究方法都可以在现场、在社区实践中得到应用，在疾病和与健康相关卫生事件的预防和控制中发挥重要作用。在 Last 编写的《流行病学词典》中，现场流行病学是流行病学在公共卫生服务和社区人群等现场工作中的实践，主要解决如何进行流行和暴发调查，如何采取措施保护和增进公众健康问题；现场流行病学面对应急性问题，必须立即做出反应，还要结合应急性问题的解决方法，对公共卫生措施做出评价，采取措施改进人群健康。

二、暴发调查的目的

疾病暴发一般来势凶猛，短时间内出现大量病人，居民中可能出现恐慌，时间紧，任务急，政府高度重视。在这种紧急情况下，既没有足够的时间做调查前的准备，在调查中也不能按常规方法一步一步进行，往往要求我们在暴发发生后立即进行调查。暴发调查的目的主要是确认暴发的存在，调查暴发的原因（包括病因、传染源、传播途径），了解暴发累及的地区与人群，及时采取有效措施，防止疾病蔓延。因此，暴发调查一般是边调查、边分析、边采取控制措施。

研究者当接到疫情后，应迅速赶往现场，对疫情的全面情况进行初步了解后，提出初步假设，并据此进行对比调查和必要的实验室检验，弄清具体原因，验证假设，采取有效措施，从观察疫情发展情况到进一步评价防治效果，直至疾病暴发得到控制。

对于病因明确的疾病，通过辨别其临床症状，分离和鉴定其病原体，从而了解其传染源、传播途径和导致流行的危险因素是较为简单明确的；但对于病因不明疾病的暴发，则调查工作将是较为困难的。不管病因是否明确，调查者都必须认真细致地收集该病的临床、实验室和有关的流行病学证据，以描述该病的分布，从而分析、找到暴发的原因。需要收集的信息及可以采取的步骤整理如表9-1。

表9-1 暴发调查所需信息与收集方法

信息收集	步骤
疾病的特征	病例确认
	临床检查
	实验室检查
	编制病例名录
暴发范围和受累及的人群	流行曲线的绘制
	病例发生标点地图的绘制
	各组人群罹患率的确定
	回顾性调查
	血清学调查
	疾病监测
传染源与传播方式	接触者调查
	病原物质的实验室检查
继续受威胁的人和地区	以前疾病的流行信息
	人群免疫状况调查

第二节 暴发的流行病学特征

一、暴发的类型

暴发可根据暴露于病原体的性质和时间长短，蔓延和传播的方式以及暴发和流行的间期而分类。

1. 同源暴发（common source outbreak）：指某易感人群中的成员同时暴露于某共同的病原体或污染源而引起的暴发，如一次会餐引起的食物中毒暴发。但是，同源暴发也可能是由于某种媒介物质受到污染，例如某一批次生产的包装食品、罐装饮料或药物等，此时由于暴露（即消费）的地点和时间可能有所不同，因而在不同地点和时间引起暴发。

2. 连续传播性流行（propagated epidemic）：致病性病原体从一个受感者转到另一个受

感者。转移可通过直接接触或经中介的人、动物、节肢动物或媒介物而实现；还可以通过行为传播，如静脉内使用毒品者和同性恋者中的乙型肝炎和艾滋病的传播。

3. 混合型（mixed epidemic）：以上两型结合。通常是先发生一次同源暴发，而后通过人与人的传播继续流行。例如经食物传播的伤寒、甲型肝炎等。

二、暴发的流行曲线

暴发的流行曲线（epidemic curves）通常是以横坐标为时间，以纵坐标为病例数，把单位时间内（小时、日、周、月或年）发生的病例数标记在相应的位置上，可构成直方图或线图，称流行曲线。流行曲线因病原体、传递方式、每传递一代的时间、暴露的类型和时间长短的不同而异，同时还取决于潜伏期的长短和暴露易感者的人数。图9-1为几种典型的流行曲线图。

图中Ⅰ表示一次简单的同源暴露引起的暴发，如某次会餐后的食物中毒暴发，所有病例都集中在A-B这段时间内，这段时间即为有关疾病的常见潜伏期范围。

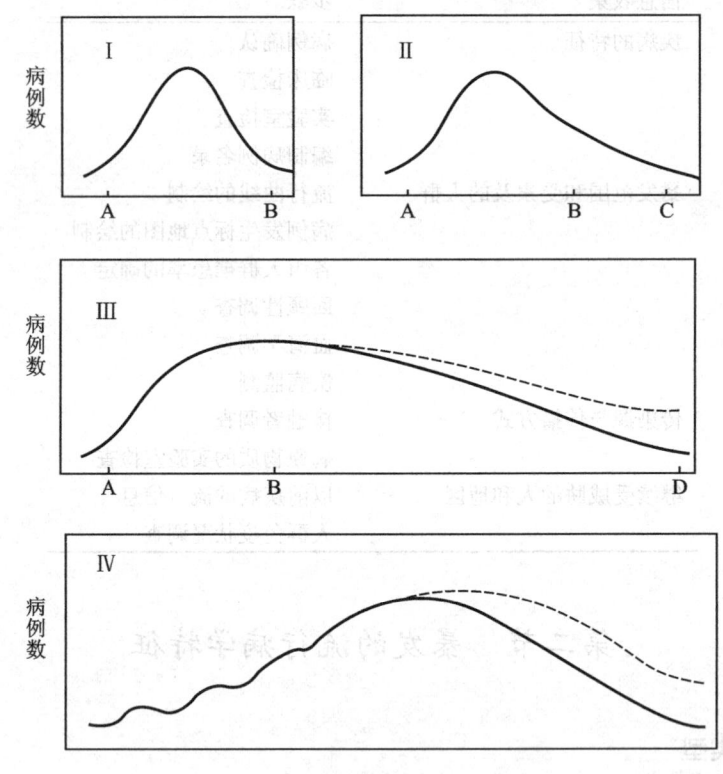

图9-1 几种典型的流行曲线图

有一类传染病例如伤寒（混合性暴发），同源暴露感染的病例通常可通过人与人之间的传播蔓延，因此可有一定数量的二代病例出现，因而流行曲线可持续一段时间（图9-1中Ⅱ的B-C）。

图9-1中Ⅲ的流行持续时间更长，并且终止时的疾病发生率与流行发生前的水平相似或更高。这种情况，如果是同源暴露，可能是因为人与人间的传播未能得到控制；或者是同源暴露持续了较长的一段时间，如某水源被附近厕所不断污染造成持续性的同源暴发。

图9-1中Ⅳ表示一次非同源暴露，其病例出现缓慢，逐渐积累增多。在疾病暴发过程初期，有时可以看到波浪形的曲线，"波"代表连续传播的"代"，两个波峰之间的间隔为平均潜伏期。在肠道疾病、呼吸道疾病以及人作为宿主的虫媒传播疾病中可见到这种流行曲线。

还有一种传播形式，即通过行为、生活习惯或文化特点的传播。如图9-2所示英格兰58名年轻人滥用海洛因者的传播。

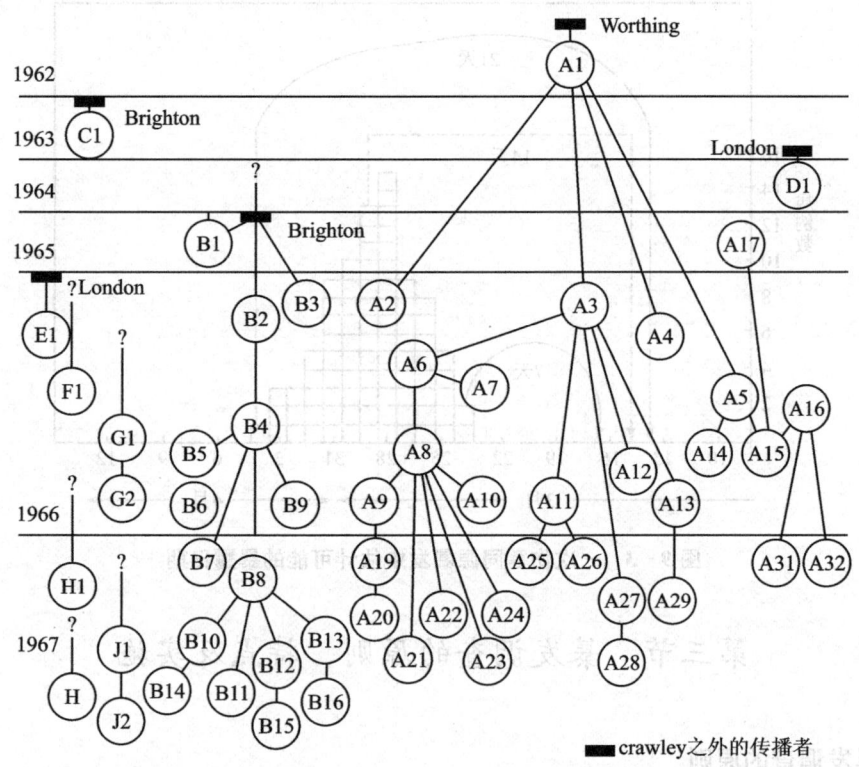

图9-2　英格兰Crawley58名年轻人嗜用海洛因成瘾的连续传播流行曲线
（Abarcon.1969）转引自 Barker.1990

三、暴发的终止

具有下列条件之一项或多项时，暴发或流行通常终止。

1. 污染源或致病源消除或改变。
2. 传递环节中断或消除。
3. 暴露者或易感者明显减少或已没有。这种情况可通过离开传染源、发生该疾病、主动或被动免疫、预防用药等而发生。

四、暴露时间的推算

暴露时间的确定由于关系到确定调查范围、对可疑病原进行追查等问题而至关重要。根据不同疾病的潜伏期可以推算暴露的时间。如果病原已知，同源性暴发的暴露时间推算方法有两种：一是从位于中位数的病例的发病日期（或流行曲线的高峰处）向前推一个平均潜伏期，即为同源暴露的近似日期。图9-3所显示的是一次同源暴露的伤寒流行曲线。83例病例的第42例为中位病例，于3月29日发病，向前推一个平均潜伏期14天，3月15日便是共同暴露的近似日期。另一种方法是从第一例发病日期（3月24日）向前推一个最短潜伏期7天，再从最后一个病例发病日期（4月4日）向前推一个最长潜伏期21天，这两个时点之间，即3月14至17日之间的某个时间可能是同源暴露的时间。

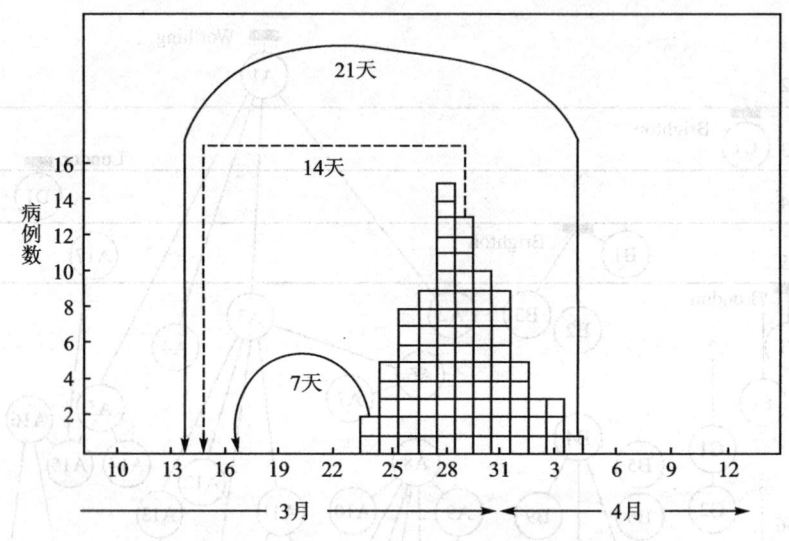

图9-3 一次伤寒同源暴发中估计可能的暴露日期

第三节 暴发调查的原则、特点及实施

一、暴发调查的原则

（一）时效性原则

在暴发调查中，及时到达现场十分重要。迅速、及时到达现场一方面可以争取时间，救治病人，隔离密切接触者；另一方面可以及时采集到血清标本或可疑污染物标本，尤其是一些非常紧急的突发卫生事件更应注重其时效性。有时来不及做出周密的计划就必须赶赴现场。在很多情况下，现场调查的"迅速"比"完整"更加重要。例如有毒化学品引起危害严重的急性中毒事件，出现死亡病例的急性传染病暴发流行等都是时效性很强的调查，如果调查时不注意时效性，成为"马后炮"式调查，就失去了调查的本来意义。

（二）优先性原则

暴发调查区别于一般的描述性研究的一项重要内容就是要提出并实施干预措施，有时候甚至进行干预较之单纯的调查更加重要。在对不明原因疾病的流行进行调查时，救治病人，切断传播途径是首要任务，决不能为了取得流行病学的某些资料而延误救治病人的时间。除救治病人外，保护易感人群也十分重要，必须优先考虑。有时可能需要及时杀灭蚊虫，有时必须立即切断可能已经被污染的水源。总之，暴发调查要从实际出发，优先解决首要、迫切的问题。

(三) 科学性原则

暴发调查要进行资料的收集，实施干预活动，控制突发事件的事态发展，最终还要提供切合实际的调查报告。为了良好地完成以上工作，在时间和经费有限的情况下，就必须对调查过程进行科学的设计和安排。采用什么样的调查方式，选择什么样的调查对象，问卷如何拟订才能达到既明确调查意图又能使被调查者易于答复，资料整理分析的过程中应该采用何种统计分析的方法，现场采样如何进行，优先实施何种干预手段，如何向领导汇报，如何与新闻媒体进行沟通等，这些都要进行认真的研究。总之，暴发调查的设计、调查的过程、调查的方法以及调查报告的撰写都必须是严谨科学的。

二、暴发调查的特点

(一) 现场的特点

公共卫生问题、突发公共卫生事件一旦出现，流行病学工作者必须亲赴现场及时开展工作。国内外流行病学发展史上记载了许多堪称流行病学暴发调查现场工作的典范。1848年，伦敦霍乱暴发，Snow医师深入现场进行详细调查并应用标点地图的方法研究霍乱病例的分布，通过对比分析论证了霍乱流行与水井的关系，提出发病的原因是水源被粪便污染所致，该结论比从粪便中分离出霍乱弧菌早30年。我国学者伍连德教授在1910年至1911年、1920年至1921年两次鼠疫大流行的现场调查，查清了鼠疫的传染源，在中国首次发现旱獭是鼠疫的主要储存宿主，并明确了有经呼吸道传播的肺鼠疫，成为我国建国初期预防医学工作的卓越领导者和组织者。由此可见，暴发调查只有深入到现场才能掌握第一手资料，发现其规律，提出相应的策略和措施。

(二) 实用性的特点

暴发调查注重以实用为主，需要尽快解决现场中对人群健康有重大影响的实际问题。换言之是要根据实际情况，制定各种有效的策略与措施，解决面临的紧迫问题，保护人群健康。暴发调查的资料虽然没有微观医学那么精细、可靠，但是，大量的事实和证据也能反映事件的真实面目，通过辨别信息，针对暴露因素采取措施，可以收到事半功倍的效果。

(三) 及时性的特点

暴发调查所要解决的问题多为与健康相关的重大疾病和重要公共卫生事件。所谓"重要"，不仅是指与人群健康密切相关，而且具有紧迫感，必须尽快找出原因，采取相应措施，预防和减少可能出现的危害和损失。传染病的暴发流行，如霍乱、O157：H7、炭疽、流感等，传播迅速，涉及面广，发病率和病死率高，需要迅速进行处理。有些虽然不属于疾病，但是亦足以危及人群健康和生命安全的公共卫生事件，比之疾病暴发有时有过之而无不及，如环境污染、自然灾害、中毒事件、恐怖事件等更需要及时得到解决。

三、暴发调查的实施

(一) 暴发的核实

在暴发调查的实施过程中，确定流行或暴发是否存在是首当其冲的问题。为此目的，早期发现致病源是最重要的一步。这不仅是为了识别暴发或流行的疾病，更是为了能明确传播机制和控制手段。为了诊断病例，首先要有对疾病的工作定义（working definition），以便识别和报告病例。当对传播的来源、方式或病原体了解更多以后，有时有必要修改病例的诊断标准。通过核实过程，如果确认暴发信息不真实，应立即向公众澄清事实，以免引起不必要的恐慌。一旦认定暴发属实，接下来就要初步分析暴发的总体形势，分析疾病的性质和严重程度，分析暴发影响的范围，紧急做好暴发控制的准备工作。

（二）准备阶段

准备阶段是暴发调查的起始阶段，对整个调查的实施起着至关重要的作用。在及时性的前提下，准备得越充分，组织管理工作越细致，调查计划越完善，暴发调查就能更顺利开展。反之将遇到极大的困难，甚至失败。调查前的准备工作可以考虑以下几个方面：

1. 确定暴发范围以及调查区域。
2. 组织调查队伍，包括流行病学家、临床医师、实验室工作者和其他卫生人员。
3. 成立统一、有力的领导团体，明确上下级关系，在此之下展开调查工作。
4. 需要在最短的时间内获得一切必需物资和持续稳定的后勤供应。
5. 联系专业实验室，安排好水、食物、空气等可能与病原传播来源有关的样本的采集和检测工作。如果可能尽早明确病因学诊断。
6. 与当地行政部门联系以取得支持。

准备工作一旦完成，调查队员应立即奔赴现场。

（三）现场实施阶段

1. 安全预防　调查者在检查传染性强的病人、尸体解剖和个案调查时，首先应做好充分的自我安全防护工作，采取适宜的防护措施。需要指出的是，不必要的防护措施往往会减慢调查进程，而且使花费大大增加。

2. 病例发现　在发现病例的过程中，诊断标准十分重要，必须准确，同时又不至于过分严格，否则将会夸大疫情或遗漏病例，病例应分为"确诊"、"假定"和"疑似"的不同等级，"原发"和"二代"的不同水平。病人和疑似病人发现后，应积极地进行救治和隔离，并追踪、保护和随时观察病人的密切接触者。

3. 采集标本　血清学检测和病原体的分离、鉴定对于探明暴发的原因具有重要意义，病原的查明有助于找到针对性的防治和控制措施，因此现场调查常常需要采集标本。视疾病性质，可选择病人的各种分泌物、血液、体液和组织为标本。标本的抽样应具有代表性，以便于进行有意义的统计学比较。标本获得后必须储存在低温、密闭、吸水性能好的特定工具盒内，装有传染性物质的包囊应用特殊标签表明，标本运输应严格执行法定程序。

4. 个案调查　即对单个疫源地或单个病家的调查，目的是调查暴发的"来龙去脉"，了解病例是怎样被传染的，是否为输入性病例。个案调查可以充分利用"求同法"和"求异法"的原则，观察为什么某些人有暴露却未发病，而某些人无暴露却发病了。这些情况常可以提供关于暴发来源及传播方式的线索，帮助提出最初的病因假设。

5. 探索传染源和传播途径　通过深入的现场调查，可以逐步探明此次暴发的传染源和传播途径。当暴露于一个共同来源（如空气、水、牛奶、某种食品、受感染的人、动物、寄生虫等）的某些人比其他罹患率高得多时，或能找到有关的致病源时，传播途径可能被查明。在调查的同时，应根据调查结果及时地修订或补充控制措施。

（四）资料整理分析阶段

在进行调查的过程中，应及时整理和分析最新收到的临床、现场和实验室资料。流行病学工作者将可利用的资料集合起来后，对暴发的来源和传播方式提出假设，就像临床医生检查病人后做出临床诊断一样。然后，对假设是否正确进行检验，包括进一步分析，实验室检查。通过分析现场资料，可计算各种罹患率，描述三间分布，绘制发病曲线，找出可疑危险因素；通过实验室资料分析，可确定病原类型。还可以通过计算人群感染率、隐性感染和显性感染所占的比重，评价危险人群的免疫水平；或者针对可疑来源或可疑传播方式的某种控制措施的效果评价。

综合分析调查结果，结合既有的知识和经验，常能查明暴发的病原、传染源和传播途径。据此采取综合的防治措施，则能尽快将疫情扑灭。暴发调查中应边调查、边分析、边采取控制暴发与流行的综合措施，以免延误时机。

（五）暴发终止阶段

通过调查分析采取适当的干预手段，疾病或者突发公共卫生事件得到控制，如何确定暴发的终止，不同类型疾病的暴发，判断方法有所不同：

1. 人与人直接传播的疾病　病原携带者全部治愈，度过一个最长潜伏期后，没有新病例发生，就可宣告暴发终止。

2. 共同来源的疾病　污染源得到有效控制，病例不再增多，则认为暴发终止。

3. 节肢动物传播的疾病　经过昆虫媒介的最长潜伏期和人类最长潜伏期总和后，无病例发生，表明暴发终止。

（六）后期总结阶段

调查结束后，调查者应尽快将调查过程整理成书面材料，包括暴发的经过，调查过程与主要表现，采取的措施与效果，经验教训与结论等。尽量用数字、表格、统计图来说明。报告既可供行政当局决策时参考，还可能有医疗和法律上的用途。通过后期的总结汇报，有以下几个作用：

1. 提供信息：通过调查报告的撰写和发表，向参与调查的工作人员、政策制定者、管理者和机构及公众公布调查结果。提供可用于指导有关疾病控制和公共卫生事件干预措施的信息。

2. 揭示真相：调查结果的总结汇报过程又是调查材料深入分析和研究的过程。有时候，调查人员在撰写调查报告以前，认为有些问题基本弄清楚了，但是当撰写报告时，才知道有些问题并不十分清楚，还得进一步深入分析和探讨，直到弄清楚为止。

3. 总结经验，发现问题：阶段性的进展报告可以及时发现调查过程中存在的问题，并通过向政府部门及有关专家及时散发报告，可改进下一步的现场调查工作，如在人员选择、经费分配、调查表的修改、现场取样等方面得到改善。

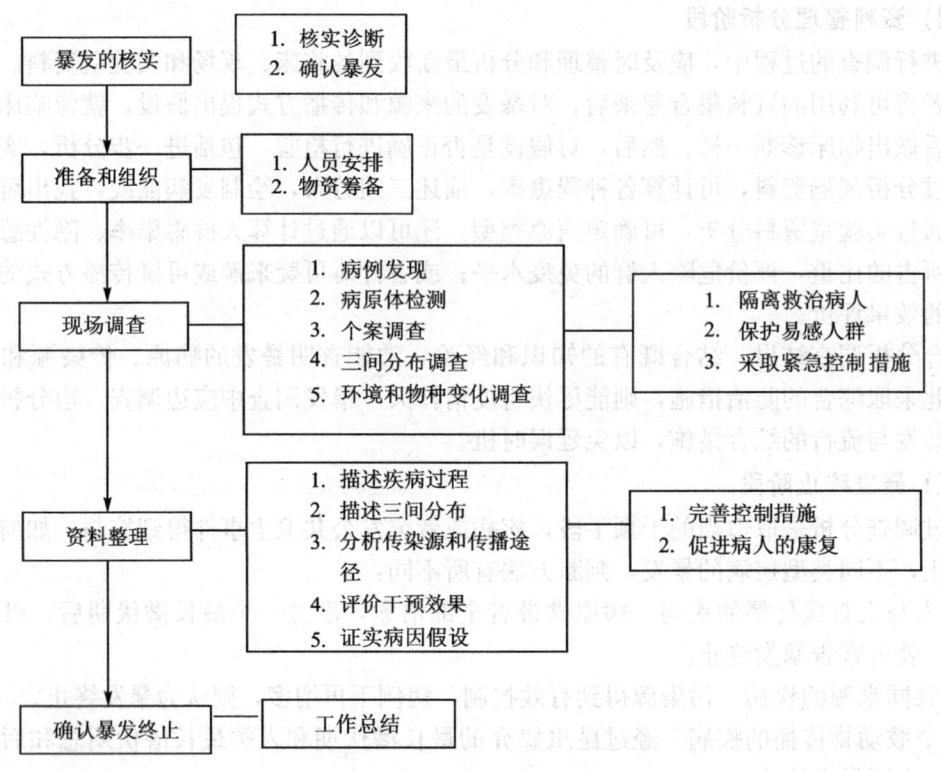

图 9-4 暴发调查步骤

四、暴发调查应注意的几个问题

首先,暴发调查的自始至终必须同步进行暴发控制,暴发控制才是现场行动的真正目的。随着调查不断获得新的发现,应及时调整控制措施,直至疫情平息。只顾调查暴发原因,而不采取措施,必会招致公众反感,工作失败,甚至是法律诉讼。

其次,暴发调查应充分运用法律武器,法律赋予了流行病工作者调查疾病暴发的权利和公众合作义务,对于少数不配合调查者,可依法采取措施,强制其接受调查和提供必要的资料。但被调查者也享有司法保护权和隐私权,病人病案记录和个人资料未授权不得披露。

再次,暴发调查应讲究工作方法,争取各个部门的协作,获得群众的支持,消除有关人员的顾虑。只有稳定了公众情绪,方能保证调查工作顺利进行。

最后,在暴发调查进行过程中,应不断向上级卫生行政和业务部门汇报疫情,以便集思广益,统一指挥或调整调查策略和控制措施。此外,还应客观、真实地发布疫情,解答群众的疑虑,以防止引起群众的过激反应和造成不必要的混乱与恐慌。

附:暴发调查案例介绍

上海甲型肝炎暴发

1988年1月中旬上海市突然出现大批症状相似的病人,大部分患者起病急骤,一般先有发热、乏力,继而有纳差、恶心、呕吐、腹胀。由于病情来势凶猛,一时间引起了人们的极大恐慌。面对这一突发事件,究竟应如何在紧急应对处置的同时展开调查?病因又是如何被查明?以下叙述该事件的具体调查经过。

一、核实疫情和病原鉴定

1988年1月19日来自传染病报告网络的报告数据显示,急性病毒性肝炎病例急骤增加,与往日相比病例增长速度超常,1月18日报告73例患者,1月19日报告134例,增加了83.6%,而与去年同期相比(1987年1月19日仅49例),增加了173.5%,且其后疫情有增无减。从基层医疗单位也了解到,近期肝炎门诊和住院人明显增多,出现床位紧急现象。继续加强监测,到1月23日,当天共报告1441例新发病例,是往年流行高峰日发病例数的4倍,可以宣布发生了疾病暴发。临床表现有肝肿大(占85.4%)、尿色加深、黄疸(占90%),实验室检查表明92.4%的患者血清谷丙转氨酶大于1000U,证实了引起暴发的疾病确系病毒性肝炎。能够引起急性病毒性肝炎的病毒有多种,此次暴发到底是哪一种类型?有待对病例做血清学检查。抽样检测了3029名患者的病毒性肝炎血清学指标,结果发现:患者中有95.5%的抗HAV-IgM阳性,发病一周后甲肝抗原检出率为68.2%,而乙肝表面抗原的检出率仅占11.5%,不难看出本次暴发流行为甲型病毒性肝炎(以下简称甲肝)。

二、原因分析和成因调查

1. **流行特征调查** 欲找到控制疫情的有效措施,必须先查明造成暴发的原因。对流行特征的调查,可以为寻找暴发原因提供有益线索。

(1) 空间分布调查:通过分析全市的疫情上报资料,发现病例主要集中在12个市区,这12个市区的发病数占总发病数的94.9%,平均罹患率为4.08%,以南市区最高5.73%。全市11%的家庭中有至少1人发病,2人以上发病的户数占总户数的8%,经检验,病例分布不符合二项分布,具有明显的家庭聚集性。

(2) 时间分布调查:对上报的293301例病人的发病时间做统计分析。Poisson分布检验表明,发病明显上升从1月14日开始,2月1日达到最高峰,疫情上升略有波动,形成1月20日、1月25日和2月1日三个流行尖峰,日发病数分别为14555例,15042例和19013例。2月2日以后,报告病例数大幅下降。3月18日发病人数降到暴发前水平。

(3) 人间分布调查:根据报告数据,还调查了发病的年龄、性别和职业分布。年龄分布以20~29岁组最高(发病率为8.30%),30~39岁组次之(7.92%),20~39岁年龄段占发病总数的80%以上,50岁以上人群发病较少,占总数不到1%;职业分布以工人最多(占70.6%),职员次之(占8.5%);性别分布男女差异无显著性,男女发病率之比为1.26:1。

2. **暴发原因分布** 从流行特征来看,此次暴发规模空前,流行面很广。所以引起暴发的因素一定是居民所广泛暴露的,不可能由生活密切接触引起,而暴发的疾病为甲肝,也排除了经空气传播的可能。因而,考虑有两种因素最有可能:水源因素和食源因素。

(1) 水源因素调查:首先查阅了卫生防疫部门对市区6家自来水厂的水质卫生监测资料。6家水厂1987年1~12月间4354份管网水样和出厂水样的物理指标、微生物指标和消毒指标均达到国家卫生标准。比较不同自来水厂供水范围甲肝的发病情况,也未发现发病与供水有关。市区内的大中专院校学生和驻沪部队指战员同样饮用6个水厂的自来水,但其急性肝炎罹患率(0.48%)明显低于市区居民(约4%)。相反不饮用6个水厂的某工业区居民,甲肝罹患率高达3.8%,与市区居民接近。据此可以否定水源性因素引起暴发的假设。

(2) 食源因素调查：可以推测，能够引起如此大面积短时间内疾病暴发的食物应具有以下特点：①上市面广，销售量大；②上市范围和时间比较集中；③有被甲肝病毒污染的可能，且以生食或半生食为主；④上市时间与暴发时间相隔约一个甲肝平均潜伏期。通过查阅资料、个案调查和举行系统座谈会，考虑可疑的食品有：新疆的伽师瓜、苏浙的甘蔗，以及羊肉串、螺蛳、白蟹和毛蚶等。

一项配对病例对照研究调查了伽师瓜、螺蛳和毛蚶与甲肝发病的关系。研究得出前两个因素的 χ^2 值分别为 0.20 和 0.13，P 均大于 0.05，基本排除了两因素是暴发原因的可能；得出肝炎病例组在病前 2~6 周内食用毛蚶的比例为 88.2%，高于对照组的 41.8%，χ^2 值为 442.34，P 小于 0.01。另有多项非配比病例对照研究也验证了食用毛蚶与甲肝发病有关。为进一步确认毛蚶与甲肝发病的关系，又随机抽样 22271 户，收集人群的暴露情况进行调查，发现食蚶人群患病率（11.9%）远高于未食蚶人群（0.5%），RR 值约为 23，差异有显著性意义，各区分别调查得到的 RR 值介于 7.5~51.3 之间。

研究还表明食蚶量与甲肝的发病率呈剂量-反应关系，随着食毛蚶量的增加，患甲肝的危险性也随之增大（详见表 9-2）。此外，甲肝罹患率还与食毛蚶的不同方式有关（详见表 9-3）。调查中 87% 的居民用开水泡一下毛蚶即食用，这部分人患甲肝的危险性较大，为不食者的 26 倍。另有一种用酱油或酒腌一下，几乎完全生食，这部分人患甲肝的危险性更大，为不食者的 57 倍。不同食毛蚶方式的甲肝罹患率差异有显著性。

表 9-2 食毛蚶量与甲型肝炎发病关系

食毛蚶量	调查人数	病例数	罹患率‰	RR
0	1094	7	6.4	1.00
1~	150	9	60.0	9.38
10~	258	43	166.7	26.05
30~	147	36	244.9	38.27
合计	1649	95	57.6	

$\chi^2 = 200.52$，$P < 0.0001$

表 9-3 食毛蚶的不同方式与甲型肝炎发病的关系

食毛蚶方式	调查人数	病例数	罹患率‰	RR
不食	1094	7	6.4	1.00
煮食	62	4	64.5	10.07
泡食	482	80	166.0	25.94
腌食	11	4	363.6	56.81
合计	1649	95	57.6	

$\chi^2 = 176.13$，$P < 0.0001$

从毛蚶供应时间来看，毛蚶供应高峰日分别为 1987 年 12 月 20 日、25 日和 1988 年 1 月 1 日，恰好与流行的三个高峰日 1 月 20 日、25 日和 2 月 1 日相隔一个甲肝的平均潜伏期（30 天）。1988 年 1 月 4 日市政府下令禁止采购毛蚶，29 天后（2 月 2 日）发病迅速减少。此外，从多个市场和产地的毛蚶中均分离到与甲肝病人粪便中所见相似的病毒颗粒。随后，以 1 月 1 日前市场供应的毛蚶鳃和内脏，制成匀浆，离心，取其上清液感染 6 只狨猴，5 只感染成功。种种证据强有力地证实了毛蚶就是造成此次甲肝暴发的元凶。

3. 原因调查　明确暴发由毛蚶造成后，调查并未结束，调查人员又追踪了毛蚶的来源和被污染的原因。

（1）毛蚶来源调查：市场调查得知本次毛蚶来源于江苏省某县。上海市从1987年12月9日到1988年1月3日之间，陆续从该县集中采集4批共341274kg毛蚶，其中1月1日采购最多，达264201kg。因个体户的毛蚶大量流入市场，1月4日市政府禁止本市采购毛蚶。

（2）污染原因调查：从江苏省卫生部门获得消息，1987年是该县甲肝流行年，发病率高达1.6%。深入调查发现当地居民厕所条件很差，没有粪便无害化处理设施，粪便能够直接或间接对水源造成污染。除此以外，捕捞毛蚶期间，最多可有五百多只渔船同时在毛蚶产地水域作业，渔民直接排便入水成为污染的最重要环节。

国内发生三次由贝类引起的甲型肝炎暴发流行。1978年浙江宁波发生一起食用泥蚶引起甲肝暴发。1982年末，1983年初上海地区因食用毛蚶引起甲肝暴发。这次为国内第三次由食用贝类引起的大规模甲肝暴发流行。

贝类由于借滤水进行呼吸和摄食，每小时可滤水5～40L，能将水体中各种颗粒性物质截留于鳃和消化腺中，在肝腺内聚集，这种积聚能力称为富集。据报道毛蚶可浓缩甲肝病毒数百甚至上千倍，甲肝病毒可积聚在肝腺内储存6周以上。

从几次甲肝流行事件说明，渔业和环境保护部门应加强贝类的饲养和卫生管理。首先应加强毛蚶捕捞区水体的卫生管理。采购货源应集体经营，事先掌握当地疫情，把好卫生质量关；注意运输、销售过程中免受污染。卫生行政部门应制定毛蚶及其他贝类养殖场的卫生要求和卫生法规，贝类卫生标准及卫生管理措施，开展贝类水产品中甲肝病毒监测方法的研究。教育群众改变生食毛蚶的习惯，研究安全可口的毛蚶烹调方法及灭活甲肝病毒的消毒方法。

（任　涛）

第十章 病因和病因推断

病因学研究是流行病学的一个重要内容，流行病学研究中的许多问题都是围绕着病因和病因推断的问题而展开的。在医学研究领域，病因一直是个十分模糊的概念，不同的学科、甚至同一学科的不同学派之间都存在着较大的意见分歧。20世纪50年代以来，流行病学研究中有了较为系统的因果观念。因果关系的模型、推理方法和判定标准一直处于发展之中，已经有了相当的进展。流行病学研究中的病因和病因推断，实际上是分析流行病学的指导框架和评价准则，对于形成因果思维和正确理解研究结果也是至关重要的。

第一节 病因概念与病因模型

病因问题首先是一个哲学问题，它属于认识论中因果关系的范畴。了解哲学上的因果观念将有助于理解流行病学的现代病因观念，因此我们的讨论首先从哲学上的因果观念开始。

一、哲学上的因果观

哲学上有两种根本对立的因果观，即决定论和非决定论（概率论）。决定论的因果观念认为因果联系是一种"必然性"，即确定的原因导致确定的结果；其论断的逻辑形式是"如果条件A出现，则结果B也必然会随之出现"，例如：视网膜黄斑变性（条件A）与视力减退（结果B）。概率论的因果观念则认为因果联系是一种"或然性"，即确定的原因导致不确定的结果；其论断的逻辑形式是"如果条件A出现，则可能会出现结果B"，例如跌倒（条件A）与骨折（结果B）。

目前在哲学上还无法证明上述两种观点的正确性，不过近年来在实际工作中人们普遍采用的是非决定论的因果观念，这是由于概率统计学在发展和应用中解决了许多实际问题，因而概率论的因果观在科研实践中逐渐被广泛接受。通常为了避免争议，也可以将决定论的因果关系看成是非决定（概率）因果论中概率等于1的特例。现代流行病学的病因定义就是基于上述的概率因果论而提出的。

二、流行病学的病因定义

早期流行病学的病因与普通医学的病因概述基本一致，现代的流行病学病因观是20世纪80年代美国的流行病学家美国约翰·霍普金斯大学流行病学教授Lilienfield首先提出来的，他将病因定义为："那些使人们发病概率升高的因素，就可认为有病因关系存在，当他们中的一个或多个不存在时，疾病频率就会下降"。美国哈佛（Harvard）大学流行病学教授MacMahon也认为，流行病学的实际目的是发现能够预防疾病的联系，从这个目的出发，因果关联可定义为：事件或特征类别之间的一种关联，改变某一类别（X）的频率或特性，就会引起另一类别（Y）的频率或特性的改变，这样X就是Y的原因。由此可见，流行病学中的病因观是符合前述的概率论因果观的。另外，为了同一般意义上的病因相区别，流行病学中的病因一般称为危险因素（risk factors）。

三、病因模型

病因模型是指用简洁的概念关系图来表达病因与疾病相互作用的框架和路径。病因模型与病因概念有重要联系，随着病因概念的发展，历史上先后出现过许多不同的病因模型，目前具有代表性的一些病因模型包括：

（一）生态学病因模型

生态学模型的提出是基于生态学多病因观念，这种病因模式的原型最早可追述到中国古代的阴阳五行病因学说（图10-1）。而现代医学中比较系统的生态学病因模式主要有以下三种：

1. 病因三角模型　该模式是在研究传染性疾病的过程被提出来的，因此对传染病的病因研究有较强的适用性。其主要特点是在一个等边三角形上，病原物、宿主及环境各占一角（图10-1　Ⅰ）。它的主要优点是：充分考到了环境因素在疾病发生中的重要作用，比单一病因论有较大的进步，有助于人们对疾病发生的条件的进一步认识。其缺点是三种因素等量齐观，有失偏颇；另外，这种病因模式也不适用于多病因的慢性疾病。

2. 轮状模型　与上述三角病因模型相比，轮状模型将环境又分为生物、理化和社会环境，宿主还包括遗传内核；并且各种因素分别被置于层次不同的圆环之中（图10-1　Ⅱ）。另外，轮状模式各部分的相对大小可随不同的疾病而有所变化，如在胰岛素依赖性糖尿病中遗传核较大，而在麻疹中宿主（免疫状态）和生物环境（空气传播）部分较大。虽然该模式也不十分完善，但它仍是当前流行病学研究中应用最广泛的模型之一。

3. 现代生态学病因模型　上述三角病因模型和轮状模型都是以个体为基础建立起来的，并不完全符合现代流行病学和公共卫生研究中的群体观点。近年来，随着生态大众健康观念的提出，人们逐步认识到流行病学的研究对象（人群）显然不是个体的简单加合，而是一个更高层次上的有机整体。因此现代的生态学病因模型多以群体为中心构建，图10-1 Ⅲ就是此类模式的一个简单框架，在此基础上将各种因素展开并标明其相互关系，就可以构建出复杂的生态学病因网络模式。

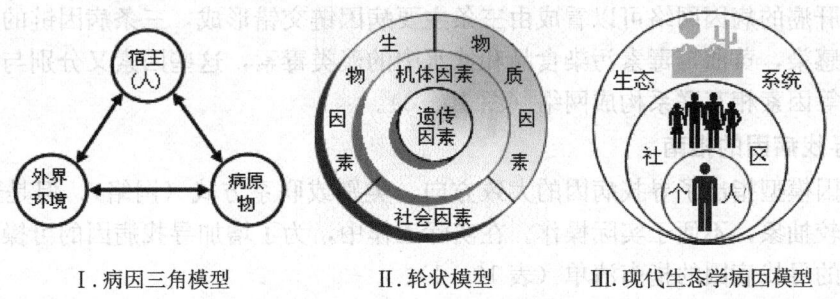

Ⅰ.病因三角模型　　Ⅱ.轮状模型　　Ⅲ.现代生态学病因模型

图10-1　不同种类的生态学病因模型示意图

(二)疾病因素模型

疾病因素模型在病因分类里相对比较清晰,在实践中有较强的可操作性,具有实践上的指导意义。其主要特点是将疾病的危险因素分为内外两个层次:外围的远因和致病机制的近因(图10-2)。外围的远因包括社会经济、生物学、环境、心理行为和卫生保健等五大类主要因素。内层的近因主要是指与发病直接相关的医学生物学因素,如致病基因、生理性缺陷或病理性改变。流行病学的危险因素主要指外围的远因。

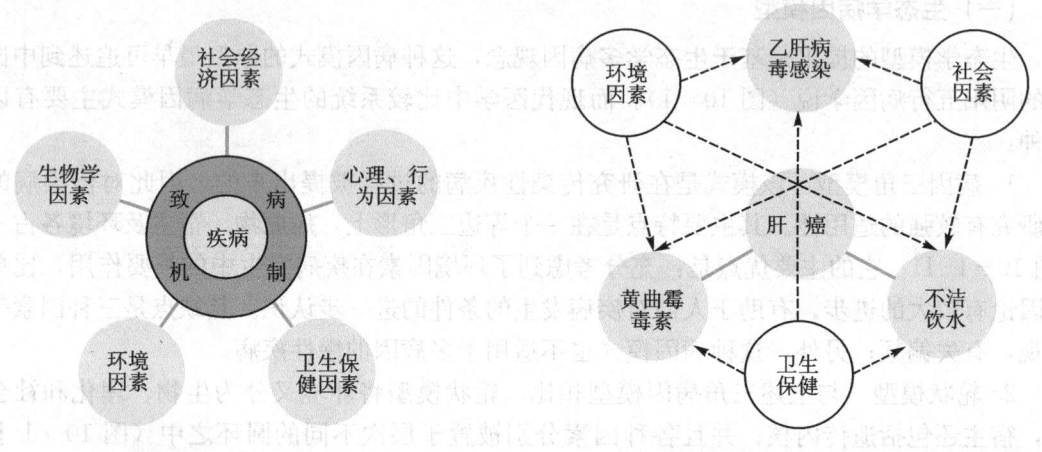

图10-2 疾病因素模型示意图　　图10-3 肝癌发病的病因网络模型示意图

(三)病因网络模型

根据生态学模型或疾病因素模型提供的框架可以寻找多方面的病因,这些致病因素相互之间可能存在十分复杂的联系。一些因素是一系列有因果关系的事件,它们可以按照时间上的先后顺序联接起来构成一条病因链;而不同的病因链上的因素之间也可能会存在因果联系,如果再将多个病因链上有因果关系的这些因素联接起来就可以形成一种网状结构,这种结构模式就是病因网络模型。该模式的最大特点之一就是它能够提供因果关系的完整路径(通径),更接近客观实际情况。因此,如果需要对病因做系统探索,就必须建立相应的病因网络,这样才能够进行全局的观察而不失之于片面。

例如:肝癌的病因网络可以看成由三条主要病因链交错形成,三条病因链的起始端分别为乙肝病毒感染,黄曲霉毒素污染食品和饮水中的藻类毒素,这些因素又分别与社会、环境和卫生保健等因素相互联系构成网络(图10-3)。

(四)寻找病因的指南

上述病因模型指出了寻找病因的大致方向、类别或联系方式(网络),但是这些模式相对而言还比较抽象,不便于实际操作。在实际工作中,为了增加寻找病因的可操作性,人们总结了具体的寻找病因的指南清单(表10-1)。

表 10-1 病因寻找指南清单

A. 宿主因素	1. 先天因素	性别、遗传（染色体、基因）、出生缺陷等。
	2. 后天因素	年龄、生长与发育、营养状态、体格、行为类型、心理特征、获得性免疫、既往史等。
B. 环境因素	1. 生物因素	病原体、感染动物、媒介昆虫、食入的动植物等。
	2. 化学因素	营养素、天然有毒动植物、化学药品、微量元素、重金属等。
	3. 物理因素	气象、地理（位置、地形、地质）、水质、大气污染、噪声、振动、电离辐射等。
C. 社会因素	1. 人口因素	人口规模、人口密度、人口结构、人口再生产、家庭（构成、婚姻、家庭沟通）等。
	2. 政治经济	政策法规、劳动就业、社会资源配置、收入与分配、社会福利、劳保设施、都市化、交通、战争、社会灾害等。
	3. 文化习俗	教育文化、饮食习惯、宗教、民风民俗等。

四、病因的逻辑分类

现代逻辑学中将事物发生的条件分为充分条件、必要条件和充要条件三大类，充分条件的涵义是"如果发生了事件 A，事件 B 也必然会发生，则 A 是 B 的充分条件"；必要条件的涵义是"如果事件 A 不发生，也不会发生事件 B，则 A 是 B 的必要条件"；充要条件的涵义是"当且仅当发生了事件 A 时，事件 B 才会发生，则 A 是 B 的充要条件"。基于上述的逻辑概念，可将病因按照以下情况分为四种逻辑类型：(1) 充要病因；(2) 充分病因；(3) 必要病因；(4) 非充分且非必要病因（表 10-2）。

表 10-2 病因的逻辑分类

病因的逻辑类型	充分条件	必要条件	实例与注释
1. 充要病因	是	是	传统的因果观所谓的病因就是指的充分而且必要病因。这种实例几乎不存在，除非将病因和疾病定义成几乎同一事件或特征，如狂犬病毒侵入脑内导致狂犬病恐水期症状。
2. 充分病因	是	否	吸食鸦片与毒品成瘾（因为还有其它因素可导致毒品成瘾，如吸食大麻、可卡因等）。
3. 必要病因	否	是	天花病毒与感染天花（因为如果不接触天花病毒则根本不可能得病，而接触天花病毒是否得病还与机体的免疫水平有关，种过牛痘的人不会被感染）。
4. 非充分且非必要病因	否	否	现代流行病学中所谓的危险因素多数属于这一类型。例如吸烟与肺癌的关系：不是每个吸烟者都会得肺癌，也不是每个肺癌病人得病之前都吸烟；即吸烟增加了个体罹患肺癌的风险，这是概率因果观的体现。

五、病因作用的联接方式

病因作用的联接方式是研究病因作用途径和机制的重要内容,也是构建上述各种病因模式的重要基础,并具有预防措施上的指导意义。其内容包括:单因单果、单因多果、多因单果、多因多果等模式,下面分别加以阐述。

(一) 单因单果 (表10-3 (1))

单一病因引起单一疾病,这是传统的病因观,也是因果特异性概念的根源。即使针对有"必要病因"的传染病,它的病因也不是单一的,因为除了病原体,还存在宿主易感性等因素。可能有人认为,只有"必要的"致病因素才能看成是病因,其实不然。"必要病因"本身并不一定是唯一的,完全可能有多个必要病因。例如,流行性感冒的病原体和缺乏特异性免疫均为必要病因。因此,即使针对传染病,也不存在单一的病因。单一病因概念是人们早期认识疾病存在局限的产物。

(二) 单因多果 (表10-3 (2))

单一病因引起多种疾病。例如,吸烟可引起肺癌、慢性支气管炎和冠心病。这从病因的多效应来看,无疑是正确的,但这些疾病并非仅仅由单一病因所致。因此,单因多果仅仅从某病因的多效应这方面看是正确的。

(三) 多因单果 (表10-3 (3))

多个病因引起单一疾病。例如,高血压、高脂血症、肥胖、糖耐量异常、高胰岛素血症与吸烟引起急性心肌梗死。这从疾病的多因性来看,无疑是正确的,但这些病因并非仅仅导致单一的疾病。因此,多因单果仅仅从疾病的多因性这方面看是正确的。多因单果与单因多果都各自反映了事物的某一正确方面。

(四) 多因多果 (表10-3 (4))

多个病因引起多种疾病。例如,高脂膳食、缺乏体力活动、吸烟和饮酒引起脑血栓、心肌梗死、大肠癌和乳腺癌。多种疾病的多个病因,可以是完全共同的,也可以是部分共同的。多因多果实际上是将单因多果与多因单果结合在一起,全面地反映了事物的本来面目。

六、直接病因与间接病因

在病因链或病因网中,所有与疾病发生直接相关的病因称为直接病因 (direct causes),对应于上述疾病因素模式中的近因;其它与疾病间接相关的致病因素称为间接病因 (indirect causes),对应于疾病因素模式中的远因。

例如,在病因链"静脉注射吸毒→共同使用注射器→注射器污染 HIV→病毒感染→艾滋病发作"之中,HIV 感染称为直接病因,而它以前的因素都称为间接病因。另外,这里直接与间接的区别只是相对的;如在上述病因链中,HIV 感染与艾滋病发作之间还可以插入 $CD4^+$ T 细胞被破坏这个中间因素,HIV 感染则成了间接病因。

表 10-3 因果(X与Y)联接方式

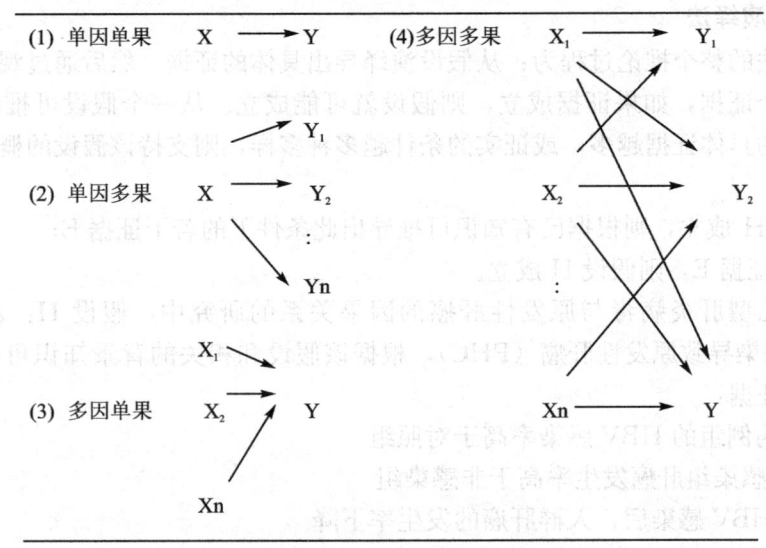

第二节 病因推断

流行病学研究中的病因推断不仅是一个科学问题，同时也是一个复杂的逻辑推断问题。经过长期的实践，流行病学已经形成了一套比较完善的病因推断理论和方法，下面分别对此进行阐述。

一、流行病学病因推断的基本过程

流行病学研究中病因推断的基本过程可简单地归结为这样一条主线：形成病因假设→假设检验→病因推断。在探寻病因的过程中，收集资料由浅入深，从现象到本质，工作从描述流行病学到分析流行病学乃至实验流行病学研究，这是一个合理的顺序，并且因果关系的论证强度也逐步递增。虽然实验流行病学研究对病因能提供高论证强度的证据，但是由于医学伦理或可行性的问题，实施起来很困难。因此，流行病学病因研究多是从观察性研究开始的，它可以细分为以下几个主要步骤：

1. 通过流行病学调查（描述性研究）并结合可能利用的临床资料和一些背景资料，研究者可以发现一些新的病因线索。
2. 用病例对照的研究方法对可疑致病因素进行筛选，形成初步病因假设。
3. 根据重复性原则，可进行多次病例对照研究，并尽可能多地收集其它生物学上的证据，如动物试验、致病机制、常规或特殊化验检验等，以强化已经形成的病因假设。
4. 用队列研究、干预试验等研究方法对病因假设进行检验。
5. 根据上述各种研究结果对病因是否成立进行综合性的推断。

二、病因推断中形成病因假设的方法

在病因推断中，形成病因假设是首要步骤。要想做好这一步，除了要掌握下述的逻辑推理方法外，更重要的是研究者要有深厚的专业知识背景，对研究对象及其环境也要有深刻的

了解，只有这样才有助于一开始就能够抓住问题的核心，提出切合实际的病因假说。

（一）假设演绎法

假设演绎法的整个推论过程为：从假设演绎导出具体的证据，然后通过观察或实验研究的方法检验这个证据，如果证据成立，则假设就可能成立。从一个假设可推出多个具体证据，经验证实的具体证据越多，或证实的条件越多种多样，则支持该假设的概率就越大。其推理形式如下：

1. 若假设 H 成立，则根据已有知识可推导出此条件下的若干证据 E；
2. 若获得证据 E，则假设 H 成立。

例如，在乙型肝炎病毒与原发性肝癌的因果关系的研究中，假设 H：乙型肝炎病毒（HBV）持续感染导致原发性肝癌（PHC），根据该假设和相关的背景知识可以演绎地推出以下若干经验证据：

E_1：肝癌病例组的 HBV 感染率高于对照组

E_2：HBV 感染组肝癌发生率高于非感染组

E_3：控制 HBV 感染后，人群肝癌的发生率下降

如果证据 E_1，E_2，E_3 都成立，则假设 H 亦获得较高强度的支持。

上述的推理过程还存在一定的局限性，即在具体证据经检验不成立或被否定的情况下则很难下结论，这样的情况在研究中并不少见。这是因为因果联系具有普遍性，一些因果联系有其特定的先决条件，在缺少该先决条件时，因果作用不能表现出来。因此，上述的推理形式可修改为：

1. 若假设 H 成立，且存在一个先决条件 C 的情况下，则可推导若干证据 E；
2. 若获得证据 E，则假设 H 成立。
3. 若未获得证据 E，则有三种可能的结论：（1）假设 H 不成立；（2）条件 C 不成立；（3）假设 H 和条件 C 均不成立。

例如，在上述乙肝病毒引起肝癌的例子中，其先行条件（C）为"其他危险因素状态（如黄曲霉毒素或藻类毒素摄入水平）也相同"。假如研究人群中非乙肝病毒感染者比乙肝患者暴露于更高的黄曲霉毒素或藻类毒素摄入水平，则可能掩盖乙肝病毒的病因效应。因此，由假设演绎出来的具体证据不成立，并不能简单否定假设，还需要考虑其他影响因素（先决条件）的状态。

（二）Mill 法则

形成病因假设的另一个常用的逻辑推断法则是密尔氏法则（Mill's cannon），Mill 是 19 世纪的一个著名哲学家，他在 1856 年所著的《逻辑系统》一书中提出了逻辑推断的四项法则：求同法、求异法、共变法和排除法。

为了便于理解，以本书前面暴发调查章节中 1988 年上海市的甲肝流行的资料为例。假设调查的因素主要有：年龄、性别、职业、饮用水水源和生食毛蚶等五种。

1. 求异法 又称"同中求异法"，即从相似的事物中寻找不同的特点。例如，在上面甲肝暴发调查的例子中，发现许多年龄、性别、职业、饮用水水源都相同的人中，肝炎病人与非肝炎对象的差异是生食毛蚶，则表明生食毛蚶可能是甲肝病毒感染的影响因素。

2. 求同法 又称"异中求同法"，即从不同的个体或资料中寻找共同的特点。例如，在上面甲肝的例子中，用求同法发现许多年龄、性别、职业、饮用水水源都不完全相同的病人

的共同特点都是生食毛蚶;同理,用求同法也可发现许多非肝炎对象的共同特点都是没有生食毛蚶。结果也表明生食毛蚶可能是甲肝病毒感染的影响因素。

3. **共变法** 这种方法的理论基础是因果效应的剂量反应关系。因此,如果暴露因素的剂量(水平)发生改变,则它引起的效应(发病率)也应随之改变(在实际应用中还应考虑疾病潜伏期的影响)。因此,如果实际研究中观察到暴露因素与发病率的变化趋势一致,则表明两者间可能存在因果联系。

例如,在上述甲肝的例子中,发现甲肝的发病率与生食毛蚶的量有相同的变化趋势。其中,两个指标的峰值之间的时间差也恰好为甲肝发病的平均潜伏期(约30天),说明两者之间有很强的关系。

4. **排除法** 又称为"剩余法",这种方法适用于危险因素较少而且已知的疾病,即除了已知的危险因素外很少有特例。例如,在上述甲肝暴发的例子中,已知甲型肝炎的传染途径是经饮水和饮食传播为主的肠道传染病,所以在排除了饮水污染和其它共同的饮食因素外,只有生食毛蚶没有被排除,因此它成为病因的可能性就自然而然地成立了。

三、统计学关联与因果关联

统计学关联和因果关联是病因推断中最常用的两个概念,充分认识两者的区别与联系是学好病因推断的关键。病因的概念在以上的内容已经给予了阐述,这里重点讨论统计学关联。统计学关联(association)主要是指相关(correlation),表示的是变量间的一种数量变化关系;而因果关系是事物间存在的一种固有的内在规律。由于它们的定义角度不同,存在一定的区别和联系(图10-4)。

图10-4表示的意义有两层:一是"相关不等于因果",二是"因果也不一定相关"。例如,一个儿童的每年身高增长的速度可能与其家中的一棵小树生长的速度高度相关,但是两者之间不存在根本的因果关系;显然,如果小树死了,儿童的身高不受任何影响。另外,在流行病学研究中,常常会由于偏倚或混杂的影响而使一些病因作用表现为不相关。

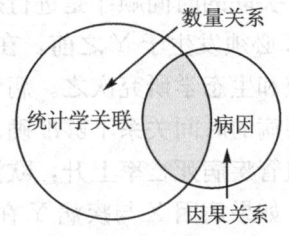

图10-4 统计学关联与病因的关系示意图

如果病因(暴露)E与疾病D存在统计学关联,只说明E与D的关联排除了偶然性(随机误差)的干扰,并不一定存在因果关联。要确定因果关联,还得排除选择偏倚、测量偏倚和混杂偏倚这些系统误差的干扰,以及确定暴露E与疾病D的时间先后关系。在排除或控制了这些偏倚的干扰后,如果还有统计学关联,就说明存在真实的关联,可以用因果判定标准进行综合评价,得出一定可信度的因果关系结论,包括判断有无因果关系或存在因果关系的可能性。因此,整个因果关系的判断进程如下:

暴露E与疾病D→有统计学关联否?→有偏倚影响否?→有时间先后否?→综合评价
(提出假设)　　(排除偶然性)　(排除假关联)　(合理的时间顺序)(病因推断准则)

关联的分类总结如下:

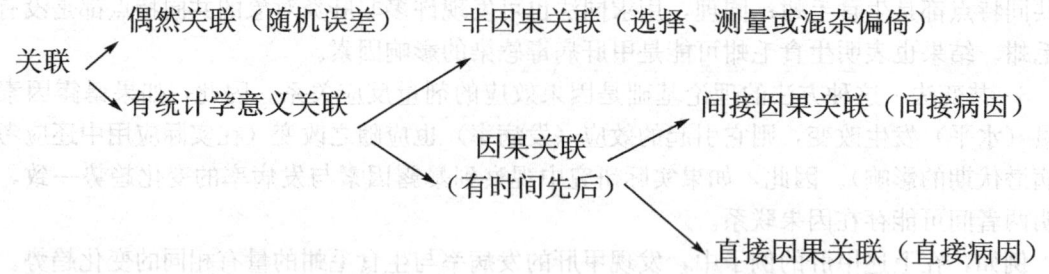

四、病因推断的准则

在现代医学产生之前,人们对病因的认识大都是基于古代朴素唯物主义的病因观念。真正科学意义上的病因推断准则是在微生物学产生以后,由 Henle(1840)首先提出,Koch 后来在其基础上提出了著名的判断病因的 Koch 三原则:①从研究疾病的所有病人中总是能检出该种致病的生物;②该生物不仅能从相应疾病患者中分离出来,而且能够培养出纯种;③用此纯种接种人或动物时,必能使该病重新出现。以上条件仅适用于传染性疾病,虽然还不甚完备和存在局限性,但是它毕竟抛弃了主观臆断,具备了客观的判定标准。

比较完善的病因推断标准是 1964 年美国"吸烟与健康报告"委员会提出的,其主要内容有以下五条标准:①关联的时间顺序;②关联的强度;③关联的特异性;④关联的一致性或可重复性;⑤关联的连贯性或合理性(与现有理论知识相吻合)。现代学者们又将标准增加形成了较为公认的七条准则。

1. 关联的时间顺序

关联的时间顺序是进行病因推断的首要准则,即如果怀疑病因 X 引起疾病 Y(X→Y),则 X 必须发生于 Y 之前。在确定前因后果的时间顺序上,实验和队列研究最佳,病例对照研究和生态学研究次之。病例对照研究中的病因(暴露)信息来自于过去的记录或询问,它与疾病的时间关系不够准确。生态学时间序列研究中,例如伦敦烟雾事件后发生的呼吸道和心血管疾病死亡率上升,欧洲反应停大量上市后发生的海豹短肢畸形,都提示了时间前后关系。如果病因 X 与疾病 Y 在同一时点测量,X 与 Y 的时间顺序就难以确定,如某些横断面研究或病例对照研究中对两组同时测定血液生化指标即是例子。对于慢性病,还需注意怀疑病因 X 与疾病 Y 的时间间隔。例如,石棉暴露到发生肺癌至少要 15~20 年,如石棉暴露 3 年后就发生了肺癌,则显然不能归因于石棉。

2. 关联的强度

一般而言,关联的强度越大,该关联为因果的可能性就越大。一个强关联如果为混杂因素所致,该混杂因素与疾病的关联将更强,此时这种混杂是比较容易被识别出来的。另一方面,弱的关联更可能是未识别的偏倚所致。当然,也存在少数特殊的例子,如吸烟与心血管疾病有弱关联但为因果关联。总之,有时间先后的统计关联说明怀疑病因(暴露)可能为危险因素,而关联强度越大,是偏倚所致的可能性就越小。

3. 剂量-反应关系

针对等级或连续性变量资料,有等级 OR 或 RR,等级相关系数和积差相关系数等反映相关(关联)的指标。如随着吸烟剂量的增加,肺癌或心血管病的相对危险度也增加。从广义上理解关联强度,它也可以包括"剂量-反应关系"的积差相关或等级相关,仅仅是针对的资料性质不同。

4. 暴露与疾病的分布一致性

这实际上是利用人群资料反映的生态学相关，即暴露与疾病在不同人群亚组间呈共同变动关系。例如，各国人均脂肪摄入量与大肠癌死亡率的相关系数，各国纸烟销售量与肺癌死亡率的相关系数，以及各地区乙肝病毒携带率与肝癌死亡率的相关系数等。

5. 关联的可重复性

指关联可以在不同人群、不同地区和不同时间重复观察到。与观察性研究相比，实验性研究的可重复性较好，这是因为实验性研究的条件控制得较严。某些观察性研究结果之间的差异，有可能是背景条件（其他危险因素）的差异所致。多数研究的可重复性使因果关联的可能性增加，而少数或个别研究的不同甚或相反的结果并不能简单否定因果假设，需要仔细探究结果差异的缘由。

6. 关联的合理性

包括两个方面：①对于关联的解释与现有理论知识不矛盾，符合疾病的自然史和生物学，这相当于客观评价。例如，高脂血症与冠心病的因果关联，与冠状动脉粥样硬化的病理证据以及动物实验结果吻合。②研究者或评价者从自身的知识背景出发，支持因果假设的把握度，这相当于主观评价。例如，吸烟与肺癌的因果关联，设想化学物质随烟雾吸入及沉积在呼吸系统的组织和细胞上，引起癌变不是没有道理的。当然，这种合理性的判断受到当时科技发展水平以及评价者知识背景和能力的局限。

7. 终止效应

当怀疑病因（暴露）减少或去除，引起疾病发生率下降，就进一步支持因果关联。这种终止效应可以来自实验流行病学，自然实验或自发性改变（如戒烟）观察的资料。例如，乙肝病毒感染率自然下降（如在发达国家）或经预防接种疫苗后下降，随后出现肝癌死亡率的下降，可认为是肝癌病因的终止效应。这些资料由于医学伦理或可行性问题，一般不容易获得。终止效应的证据，由于前因后果的时间关系明确，并且较少受到一般观察性研究中诸多偏倚的干扰，所以因果论证的强度较高。

一个病因研究本身必须要达到或部分达到第 1，2（或 3，4）条标准（前因后果，广义关联强度），如果符合第 7 条标准（终止效应）则更好；第 5，6 条标准（重复性，合理性）是该研究的外部评价，如果不吻合则因果关联的可信度降低。

（任　涛）

第二部分　流行病学实习指导

鲁迅民俗学论集　第二部分

实习1 疾病频率的测量

【目的】 掌握流行病学常用频率测量指标的概念、计算公式、应用范围等。

【复习要点】 在流行病学研究中,测量疾病频率的指标主要有发病指标(包括发病率、罹患率、患病率、感染率)、死亡指标(死亡率、死亡专率、病死率、生存率、累计死亡率)等。

【实习内容】

【课题一】 某地1995年年初人口为2528人,1995~1998年某病三年间发病情况见图1-1,其间无死亡、迁走或拒绝检查者。

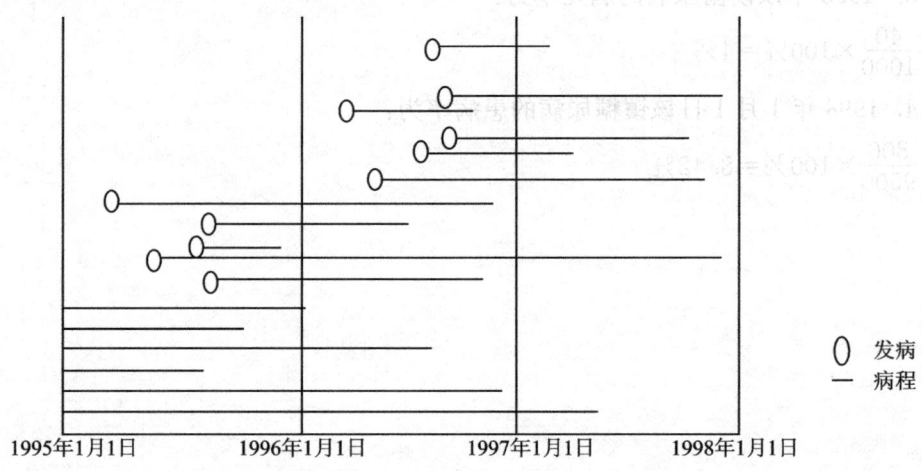

图1-1 1995~1998年某病的发生情况

问题:请计算1995年1月1日、1996年1月1日、1997年1月1日的患病率,1995~1998年三年的患病率。

答:1995年1月1日的患病率为:

$$\frac{6}{2528} \times 100\% = 0.24\%$$

1996年1月1日的患病率为:

$$\frac{8}{2528} \times 100\% = 0.32\%$$

1997年1月1日的患病率为:

$$\frac{7}{2528} \times 100\% = 0.28\%$$

1995~1998年三年的患病率:

$$\frac{17}{2528} \times 100\% = 0.67\%$$

【课题二】 1998年在某镇新诊断200名糖尿病人,该镇年初人口数为9500人,年末人口数为10500人,在年初该镇有800名糖尿病患者,在这一年中有40人死于糖尿病。

问题： 1. 1998年该镇糖尿病的发病率。
2. 1998年该镇糖尿病的死亡率。
3. 1998年该镇糖尿病的病死率。
4. 1998年1月1日该镇糖尿病的患病率。

答： 1. 1998年该镇糖尿病的发病率为：

$$\frac{200}{(9500+10500)/2-800} \times 1000‰ = \frac{200}{9200} = 21.74‰$$

2. 1998年该镇糖尿病的死亡率为：

$$\frac{40}{(9500+10500)/2} = \frac{40}{10000} = 400/10万$$

3. 1998年该镇糖尿病的病死率为：

$$\frac{40}{1000} \times 100\% = 4\%$$

4. 1998年1月1日该镇糖尿病的患病率为：

$$\frac{800}{9500} \times 100\% = 8.42\%$$

实习 2　现况研究

【目的】　学习现况研究中的调查方法，了解其原理、用途、设计的主要内容和优缺点。

【复习要点】　描述性研究，现况研究，普查，抽样调查，单纯随机抽样，系统抽样，分层抽样，整群抽样。

【实习内容】

【课题一】　为了解老年人中多发病的患病情况，某市于1982年组织医务人员对该市七区一郊的九个地段随机抽取60岁及以上老年人6393名（其中市区5866名，郊区527名）进行了调查，其中部分结果见表2-1。

表2-1　1982年某市老年人多发病患病情况

疾病	市　区		郊　区	
	患病人数	患病率（%）	患病人数	患病率（%）
高血压	1687	28.76	120	22.77
冠心病	316	5.39	11	2.09
脑血管病	152	2.59	12	2.28
动脉硬化	2369	40.39	203	38.52
慢性支气管炎	1062	18.10	188	35.67
肺气肿	737	12.56	163	30.93
糖尿病	149	2.54	2	0.38
高脂血症	1913	32.61	135	25.62
恶性肿瘤	19	0.32	0	0

（哈尔滨市卫生防疫站，1985）

问题1：这是一种什么性质的流行病学调查？是普查，还是抽样调查？是描述性的，还是分析性的？本次调查的目的是什么？

答：这是一种现况研究，是抽样调查。本次调查目的是为了解当地老年人中几种多发病的患病率和分布情况。调查属于描述性研究，仅起描述性作用。

问题2：为什么在现况研究中通常只能进行患病率的计算，而不能进行发病率的计算？

答：通过现况研究一般只能查明人群中现患病例的患病"状态"及数量，而不能得知病例于何时"发生"。故在现况研究中通常只能进行"患病率"计算而得不出"发病率"。

【课题二】　某作者于1981年对某市高校全部45岁及以上男性知识分子进行了一次现况调查，共调查971人。主要了解肥胖、高血压、冠心病及糖尿病的患病率，以及体重与这些疾病的关系。其中部分结果见表2-2和表2-3。

表2-2 某市45岁及以上男性知识分子肥胖、高血压、冠心病和糖尿病的患病率

	患病人数	患病率（%）
肥胖	262	26.98
高血压	187	19.26
冠心病	94	9.68
糖尿病	64	9.59

（姚才良等，1986）

表2-3 体重与高血压、冠心病、糖尿病的关系

体重指数	调查人数	高血压		冠心病		糖尿病	
		患病数	患病率（%）	患病数	患病率（%）	患病数	患病率（%）
<20	106	8	7.55	5	4.27	2	1.89
20—	371	55	17.82	30	8.09	19	5.12
24—	232	47	20.26	23	9.91	14	6.03
26—	159	39	24.53	19	11.95	22	13.84
28—	103	38	36.89	17	16.50	7	6.80
合计	971	187	19.26	94	9.68	64	6.59

体重指数＝体重（kg）/身高（m^2） （姚才良等，1986）

问题1：与"课题一"比较，本次研究有什么特点？本次研究的目的何在？能从中得到病因启示吗？

答：本次现况研究是对一定范围内的全部人群进行调查，故属于普查。从分类上讲，本研究属于描述性研究，不属于分析性研究。调查目的是了解当地45岁以上男性知识分子中肥胖、心血管疾病及糖尿病的患病率情况，以及肥胖与后两类疾病的关系（本次调查资料支持这种关系的存在）。

问题2：为什么现况研究一般不能检验病因假设？请结合"课题一"和"课题二"归纳现况研究的主要用途和特点？

答：在现况研究中，往往收集同一时间断面上疾病状态和某些有关因素的资料，故不易确定"因素"与"疾病"的时间顺序关系，而这一点恰是建立病因假设的必要条件。

现况研究的主要用途是：

1. 为了了解的健康状况提供基础性的描述资料。
2. 通过分析疾病的分布特点，从中找出可能的病因线索。

现况研究的显著特点是在某一特定时点或一段时间内收集有关资料。在这一点上，它与分析性研究的区别恰似一张照片与一段录像的区别。

实习3 筛检方法评价

【目的】 掌握评价筛检试验的指标及其计算方法。
【复习要点】 灵敏度，特异度，阳性预测值，阴性预测值，约登指数。
【实习内容】
【课题一】 在沿江农村用皮肤试验来筛检肝血吸虫病，试验结果见表3-1。

表3-1 皮肤试验筛检肝血吸虫病的结果

试验	肝血吸虫病 有	肝血吸虫病 无	合计
阳性	117（A）	53（B）	170
阴性	8（C）	312（D）	320
合计	125	365	490

问题1：试验的灵敏度、特异度、约登指数、预测值分别是多少？
答：灵敏度＝A/（A+C）×100%＝117/（117+8）×100%＝93.6%
特异度＝D/（B+D）×100%＝312/（53+312）×100%＝85.5%
约登指数＝A/（A+C）+D/（B+D）-1＝0.791
预测值
阳性预测值＝B/（A+B）×100%＝68.8%
阴性预测值＝D/（C+D）×100%＝97.5%

问题2：试验的假阳性和假阴性是多少？试验的假阳性率和假阴性率是多少？
答：假阳性＝B＝53
假阴性＝C＝8
假阳性率＝B/（B+D）×100%＝14.5%
假阴性率＝C/（A+C）×100%＝6.4%

问题3：筛检的阳性率是多少？人群患病率是多少？
答：筛检阳性率＝（A+B）/（A+B+C+D）×100%＝34.7%
人群患病率＝（A+C）/（A+B+C+D）×100%＝25.5%

实习 4 病例对照研究

【目的】 通过课题资料分析，掌握病例对照研究常用指标的计算及资料基本整理分析方法。通过研究设计，熟悉病例对照研究设计的原则和方法。

【复习要点】 病例对照研究，相对危险度，比之比，暴露。

【内容】

1. 成组资料的分析

(1) 资料整理成四格表形式（见表 4-1）。

表 4-1 成组病例对照研究资料整理表

	暴露	非暴露	合计
病例	a	b	a+b=n_1
对照	c	d	c+d=n_0
合计	a+c=m_1	b+d=m_0	a+b+c+d=t

(2) 检验病例组与对照组的暴露率是否有差异，可用一般四格表的 χ^2 检验或校正 χ^2 检验公式来计算。

$$\chi^2 = \frac{(ad-bc)^2 n}{(a+b)(c+d)(a+c)(b+d)}$$

(3) 计算暴露与疾病的关联强度

反映关联强度的指标是相对危险度 RR，即暴露人群的发病率与非暴露人群的发病率之比。一般来说，RR 在前瞻性的队列研究中才能求得，在病例对照研究中多计算 OR（odds ratio），称比值比。

OR 即病例组和对照组的两个暴露比值 $\frac{a}{n_1}/\frac{b}{n_1}$ 与 $\frac{c}{n_0}/\frac{d}{n_0}$ 之比，化简得到：

$$OR = \frac{ad}{bc}$$

(4) 相对危险度数值的意义

相对危险度是两个率的比值，其数值范围是 0 到无限大的正数。数值为 1 时，表示暴露与疾病无关联；RR>1 说明疾病的危险度增加，叫做"正"关联；RR<1 说明疾病的危险度减小，叫做"负"关联。不同数值范围表明不同程度的危险性。判断 RR 或 OR 值的意义不能单凭数值大小，要结合具体情况，还要看其可信限的范围。

【课题一】 HBV 感染与原发性肝癌关系的一项病例对照研究所获资料如下：

表 4-2 HBV 感染与原发性肝癌的关系

	HBV+	HBV−	合计
病例	98	11	109
对照	49	60	109
合计	147	71	218

问题 1: 根据上表资料计算 χ^2、OR，并解释计算结果说明了什么问题？

答: $\chi^2 = \dfrac{(ad-bc)^2 n}{(a+b)(c+d)(a+c)(b+d)} = \dfrac{(98\times60-11\times49)^2\times218}{109\times109\times147\times71} = 50.17$

查 χ^2 界值表，P<0.01

$OR = \dfrac{ad}{bc} = \dfrac{98\times60}{49\times11} = 10.91$

计算结果说明 HBV 感染与原发性肝癌有关，HBV 感染者患原发性肝癌的危险性是非 HBV 感染者的 10.91 倍。

2. 1:1 个体匹配（配对病例对照）的资料分析

(1) 将资料整理成四格表的形式（见表 4-3）。

表 4-3 配对的病例对照研究资料整理表

对照	病例		对子数
	有暴露史	无暴露史	
有暴露史	a	b	a+b
无暴露史	c	d	c+d
合计	a+c	b+d	a+b+c+d=t

注：表内数字的单位为对子，即每个数都代表 1 个病例加 1 个对照

(2) χ^2 检验 用 McNemar 公式计算。

$\chi^2 = \dfrac{(b-c)^2}{b+c}$

(3) 计算 OR

$OR = c/b$（病例组中有暴露而对照组中无暴露的对子数与对照组中有暴露而病例组中无暴露的对子数）

【课题二】 某市进行吸烟与肺癌关系调查，采用 1:1 病例配对（年龄、民族、职业）方法，其中吸烟定义为平均每天吸烟 5 支及其以上。该研究的部分结果如下：

表 4-4 吸烟与肺癌关系的配对的病例对照研究

对照	病例		对子数
	吸烟	不吸烟或少吸烟	
吸烟	69	10	79
不吸烟或少吸烟	33	1	34
合计	102	11	113

问题 1: 计算 χ^2 值及 OR 值

答: $\chi^2 = \dfrac{(b-c)^2}{b+c} = \dfrac{(10-33)^2}{10+33} = 12.30$

$OR = \dfrac{c}{b} = \dfrac{33}{10} = 3.3$

问题 2: 结合"课题一"和"课题二"深刻体会病例对照研究的基本原理及流行病学中暴露的含义。

答：病例对照研究的基本原理（略）。

暴露既可以是致病因素或保护因素，导致疾病事件增加的暴露因素为危险因素或致病因素，导致疾病事件降低的暴露因素为保护因素。暴露因素可以是定性的，也可以是定量的，并且暴露因素可按照剂量水平进行分层。这样有利于了解暴露因素的致病机制，增加对疾病因果关系的判断能力。

实习 5 队列研究

【目的】 理解队列研究的基本原理,掌握队列研究资料的基本整理分析方法。
【复习要点】 队列研究,相对危险度,归因危险度(AR),归因危险度百分比(AR%)。
【内容】
1. 基本原理

【课题一】 为了证实非职业性环境接触青石棉与恶性肿瘤,特别是肺癌和间皮瘤危险的关系,对大姚县青石棉污染区和作为对照的同省无石棉污染的禄丰县(两县在民族构成、生活习惯、文化教育、地理气候以及性别和年龄构成上均具有可比性)进行了既往9年(1987年1月1日～1995年12月31日)的死亡率调查,结果见表5-1。

表 5-1 接触青石棉与恶性肿瘤发病的关系

	调查人数	观察人年	死亡人数(死亡率,1/10万人年)				
			全肿瘤	肺癌	间皮瘤	胃癌	肠癌
暴露组	4543	39430.05	72(182.60)	21(53.26)	7(17.75)	6(15.22)	6(15.22)
非暴露组	5626	48236.48	60(124.39)	12(24.88)	1(2.07)*	9(18.66)	3(6.22)
合 计	10169	87666.53	132	33	8	15	9

问题:上述研究属于何种类型的流行病学研究,回顾性队列研究与病例对照研究有何区别和联系?

答:上述研究属回顾性队列研究。

回顾性队列研究与病例对照研究相比,前者是队列研究,以暴露与否进行分组,时间顺序是由因及果,关系明确,利于判断因果联系;可计算发病率、危险度指标(如相对危险度和归因危险度等);暴露水平有可能分成等级,便于反映剂量-反应关系。后者是以疾病有无进行分组,时间顺序是由果及因,一般只能计算比值比近似估计危险度。两者均是分析性研究;在研究开始时,研究结局(即所研究疾病)均已发生,而且均节省时间、人力和物力,出结果快。

【课题二】 下表是弗明汉心脏病研究中心对血清胆固醇含量与冠心病发病关系的部分资料。研究者首先检测了1045名33～49岁男子的血清胆固醇含量,然后按其水平高低分为5组,随访观察10年后计算各组冠心病10年的累积发病率。

表 5-2 33～49岁男子按血清胆固醇水平分组的冠心病10年累积发病率

血清胆固醇(mg/dl)	观察人数	病例数	累积发病率(%)
114~	209	2	0.96
194~	209	11	5.26
214~	209	14	6.70
231~	209	26	12.44
256~	209	32	15.31
合计	1045	85	8.13

问题：上述研究属于何种类型的流行病学研究，与"课题一"比较，两者的相同点及区别何在？结合"课题一"和"课题二"深刻体会队列研究的基本原理。

上述研究属前瞻性队列研究。与课题一的回顾性队列研究相比，两者均属于队列研究，基本区别在于研究的起点不同。前瞻性队列研究是从研究开始时（即现在）追踪到将来，回顾性队列研究是从过去追踪到现在。

队列研究的基本原理是：将一个范围明确的人群根据他们暴露状况的不同分成暴露组和非暴露组或不同暴露水平的亚组，然后追踪观察一段时间，分析比较各暴露状况组的发病率高低，从而评价所研究的暴露因素是否与所研究的疾病存在联系或者甚至说存在因果联系。至于队列研究的起点可以是研究开始时的过去（如课题一），也可以是研究开始时（如课题二）。因此，根据观察开始时间的不同，可按队列研究分为前瞻性队列研究和回顾性队列研究两类。

2. 队列研究资料分析

队列研究的统计量计算：

表 5-3 队列研究的资料整理

疾病	有暴露	无暴露	合计
有疾病	a	b	a+b
无疾病	c	d	c+d
合计	a+c	b+d	a+b+c+d=t

相对危险度（RR）：该指标是反映暴露与发生（发病或死亡）关联强度的指标，其本质为率比。

$$RR = I_e/I_o = \frac{a/(a+c)}{c/(b+d)}$$

式中 I_e 与 I_o 分别为暴露组（a/(a+b)）与非暴露组（c/(c+d)）的发病率或死亡率。RR 表明暴露组发病或死亡的危险是非暴露组的多少倍，说明暴露对于个体增加发生危险的倍数。

归因危险度（AR）：也叫特异危险度、超额危险度，为暴露组的率与未暴露组的率之差。说明由于暴露增加或减少的率的大小。AR 是对人群来说，暴露增加的超额危险的比例。

$AR = I_e - I_o$

归因危险度百分比（AR%）：指暴露人群中归因于暴露的发病或死亡占全部病因的百分比。

$AR\% = (I_e - I_o)/I_e \times 100\%$

人群归因危险度（PAR）与人群归因危险度百分比（PARP）：PAR 与 PAR% 说明暴露因素对一个具体人群的危害程度以及消除这个因素后可能使发病率或死亡率减少的程度，即暴露的社会效应。人群归因危险度的大小取决于暴露的相对危险度和人群暴露比例。

$PAR = I_t - I_o$

$PARP = (I_t - I_o)/I_t \times 100\%$

式中 I_t 与 I_o 分别为暴露组与总人群中的发病率或死亡率。

【课题三】 根据"课题一"的资料可以得出表5-4。

表5-4 根据"课题一"的资料计算的统计量值

肿瘤	死亡率（1/10万人年）		RR	RR95%CI	AR（1/10万人年）	AR%
	暴露组	对照组				
全肿瘤	182.60	124.39	1.47	1.04～2.07	56.21	31
肺癌	53.26	24.88	?		?	?
间皮瘤	17.75	2.07	8.57	1.50～48.91	15.68	88
胃癌	15.22	18.66	0.82	0.30～2.24	－3.44	－23
肠癌	15.22	6.22	2.45	0.64～0.38	9	59

问题：请计算反映该研究人群暴露与肺癌发病关联强度的RR、AR和AR%，并对计算结果进行解释，体会RR与AR的区别和联系，根据上表可得出什么结论？

答：RR＝2.14

AR＝53.26－24.88＝28.38（/10万人年）

AR%＝（53.26－24.88）/53.26＝53.3%

上述结果说明职业接触青石棉可能是导致肺癌的危险因素，接触青石棉发生肺癌的危险是未接触者的2.14倍，去除青石棉的暴露，可减少28.38/10万人年的肺癌发生。RR说明暴露对于个体增加发生危险的倍数，而AR是对人群来说，暴露增加的超额危险的比例，主要是用于衡量采取措施消除危险因素在人群中预防疾病的效果。前者具有病因学的意义，后者更具有疾病预防和公共卫生上的意义。

实习6 暴发调查的方法与步骤

【目的】 了解暴发调查的基本方法和步骤。

一、暴发调查的目的

疾病暴发是指在一定时间内（通常为较短时间内），某地区或单位发生较多（或大量）同类病人。暴发调查就是对疾病暴发时间、地点、人群和发病因素进行全面调查了解，并制定有效防治措施，以控制暴发、消除疫情。因此暴发调查的目的主要是：

1. 确定疫情性质 即确定本次暴发疾病的性质，如传染病（甲类、乙类、丙类）、非传染病、新发疾病或病因不明疾病的暴发等；
2. 查清暴发危害程度 即疾病三间分布；
3. 查明病因和暴发影响因素 如传染病的传染源、传播途径等；
4. 确定高危人群，并予以有效保护；
5. 制定切实措施，控制疾病暴发和流行，并总结经验教训，避免此类事件再次发生。

二、暴发调查基本方法与步骤

在暴发调查中，要遵循边调查边采取措施的原则。

（一）全面听取疫情汇报
（二）核实诊断
（三）初步调查

包括：首例病人调查，发病情况调查、人口和环境情况调查以及标本收集、送验和保存。

（四）资料初步分析

1. 资料整理 进行资料完整性和正确性核实。
2. 描述地区、人群和时间分布
3. 暴露日期推算

已知最短、最长潜伏期推算暴露日期：例如，某儿童机构某月 21 日发生风疹暴发，29 日暴发停息，病例分布见图 6-1，根据风疹潜伏期最短 14 天、最长 21 天，可以推算暴露日期为 8 日左右（21-14=7，29-21=8）。

（五）形成假说，进一步调查研究

根据初步调查结果，初步形成假说，然后进行病例对照研究、队列研究和流行病学实验研究等，最后阐明暴发原因及流行特点和规律，以采取有效防治措施。

（六）采取措施和效果评价

对于传染性疾病要严格遵守《传染病防治法》的有关规定和要求，并根据流行性质采取迅速果断措施以控制疫情蔓延。对于非传染性疾病也应视其情节，采取有力措施，将其危害控制在最低程度。

为了不断总结经验教训，在努力控制疫情的同时，也要注重各项措施的效果评价，包括短期效果和长期效果的评价。

（七）撰写调查报告

暴发调查结果应及时总结，写出书面调查报告，并送有关部门和单位。

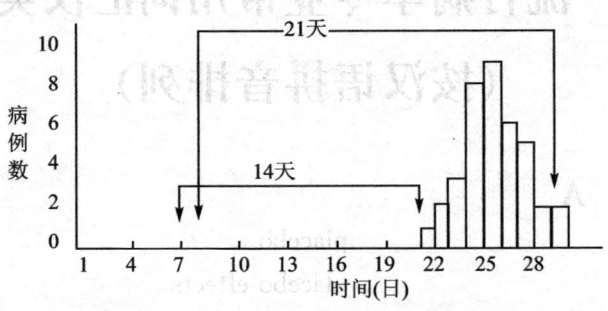

图 6-1 风疹暴发后暴露日期推算

附录　流行病学专业常用词汇汉英对照
（按汉语拼音排列）

A
安慰剂	placebo
安慰剂效应	placebo effects

B
把握度、功效	power
暴发	outbreak
暴露	exposure
比	ratio
比值比	odds ratio，OR
病例对照研究	case-control study
病残率	disability rate
病死率	fatality rate

C
长期趋势	secular trend
抽样调查	sampling survey
单纯随机抽样	simple random sampling
系统抽样	systematic sampling
分层抽样	stratified sampling
整群抽样	cluster sampling
多级抽样	multistage sampling
出生队列研究	birth cohort study

D
大流行	pandemic
地方病	endemic disease
短期波动	rapid fluctuation
队列研究	cohort study
历史性队列研究	historical cohort study
前瞻性队列研究	prospective cohort study
双向性队列研究	ambispective cohort study

F
发病率	incidence rate

发病密度	incidence density
分布	distribution
分层分析	stratified analysis

G
| 感染率 | infection rate |
| 关联 | association |

H
横断面研究	cross-sectional study
患病率	prevalence rate
混杂	confounding
混杂因素	confounding factor
霍桑效应	Hawthorne effect

J
季节性波动	seasonal variations
假阳性率	false positive rate
假阴性率	false negative rate
结局	outcome

K
| 可靠性 | reliability |

L
类试验	quasi-experiment
累积发病率	cumulative incidence
累积死亡率	cumulative mortality rate
罹患率	attack rate
临床试验	clinical trial
灵敏度	sensitivity
流行	epidemic
流行病学	epidemiology
流行病学实验	epidemiological experiment
率比	rate ratio
率差	rate difference

M
盲法	blind
单盲	single blind
双盲	double blind

三盲		triple blind

P

配比 matching
  成组匹配 category matching
  频数匹配 frequency matching
  个体匹配 individual matching
匹配过头 over matching
偏倚 bias
  选择偏倚 selection bias
  信息偏倚 information bias
  混杂偏倚 confounding bias
错分偏倚 misclassification bias

R

人群归因危险度 population attributable risk，PAR
人群归因危险度百分比 population attributable risk percent，PARP

S

散发 sporadic
筛检 screening
生存率 survival rate
生态学谬误 ecologic fallacy
生态学研究 ecologic study
实验流行病学 experimental epidemiology
失访 loss of follow-up
死亡率 mortality rate
死亡专率 specific death rate

T

特异度 specificity

W

危险比 risk ratio
危险度 risk
相对危险度 relative risk，RR
归因危险度 attributable risk，AR
归因危险度百分比 attributable risk percent，AR%
误差 error
  随机误差 random error

系统误差	systematic error

X

效果指数	index of effectiveness

Y

预测值	predictive value
阳性预测值	positive predictive value
阴性预测值	negative predictive value
预试验	pilot study
约登指数	Youden Index

Z

真实性	validity
周期性波动	cyclic fluctuation

后　记

经全国高等教育自学考试指导委员会同意，由全国高等教育自学考试指导委员会医药学类专业委员会负责高等教育自学考试医药学类专业教材的组编工作。

《流行病学》教材由北京大学医学部公共卫生学院胡永华教授担任主编。参加编写的人员有胡永华教授（第一、三、八章）、曹卫华教授（第二章）、詹思延教授（第五章）、任涛老师（第四、九、十章）以及吴涛老师（第六、七章）。最后胡永华教授统稿。

全国高等教育自学考试指导委员会医药学类专业委员会组织该教材的审稿会。首都医科大学王嵬教授担任主审，协和医科大学黄建始教授、军事医学科学院曹务春教授参加审稿并提出改进意见。

全国高等教育自学考试指导委员会医药学类专业委员会最后审定通过本教材。

全国高等教育自学考试指导委员会
医药学类专业委员会
2006 年 3 月

附

全国高等教育自学考试
营养、食品与健康专业（独立本科段）

流行病学自学考试大纲

（含考核目标）

全国高等教育自学考试指导委员会　制定

流行病学课程自学考试大纲出版前言

为了适应社会主义现代化建设事业对培养人才的需要，我国在 20 世纪 80 年代初建立了高等教育自学考试制度；经过 20 多年的发展，高等教育自学考试已成为我国高等教育基本制度之一。高等教育自学考试是个人自学，社会助学和国家考试相结合的一种高等教育形式，是我国高等教育体系的一个重要组成部分。实行高等教育自学考试制度，是落实宪法规定的"鼓励自学成才"的重要措施，是提高中华民族思想道德和科学文化素质的需要，也是造就和选拔人才的一种途径。应考者通过规定的专业考试课程并经思想品德鉴定达到毕业要求的，可以获得毕业证书；国家承认学历并按照规定享有与普通高等学校毕业生同等的有关待遇。

从 20 世纪 80 年代初期开始，各省、自治区、直辖市先后成立了高等教育自学考试委员会，开展了高等教育自学考试工作，多年来为国家培养造就了大批专门人才。为科学、合理地制定高等教育自学考试标准，提高教育质量，全国高等教育自学考试指导委员会（以下简称"全国考委"）组织各方面的专家对高等教育自学考试专业设置进行了调整，统一了专业设置标准。全国考委陆续制定了 200 多个专业考试计划。在此基础上，各专业委员会按照专业考试计划的要求，从造就和选拔人才的需要出发，编写了相应专业的课程自学考试大纲，进一步规定了课程学习和考试的内容与范围，有利于社会助学，使个人自学要求明确，考试标准规范化、具体化。

全国考委按照国务院发布的《高等教育自学考试暂行条例》的规定，根据教育测量学的要求，对高等教育自学考试课程的自学考试大纲进行了探索、研究与建设。目前，为更好地贯彻十六大和全国考委五届二次会议精神，以"三个代表"重要思想为指导，全国考委办公室及其各个专业委员会在 2003 年开始较大幅度地对新一轮的课程自学考试大纲组织修订或重编。

全国考委医药类专业委员会在考试大纲建设过程中结合高等教育自学考试工作的实践，参照全日制普通高等学校相关课程的教学基本要求，并力图反映学科内容的发展变化、体现自学考试的特点，组织制定了《流行病学自学考试大纲》，现经教育部批准，颁发施行。

《流行病学自学考试大纲》是该课程编写教材和自学辅导书的依据，也是个人自学，社会助学和国家考试的依据，各地教育部门、考试机构应认真贯彻执行。

全国高等教育自学考试指导委员会
2006 年 3 月

目录

Ⅰ 课程性质与设置目的 …………………………………………………………………… (143)
Ⅱ 课程内容与考核目标 …………………………………………………………………… (144)
  第一部分 流行病学理论 ………………………………………………………………… (144)
  第一章 绪 论 …………………………………………………………………………… (144)
  第二章 疾病的分布 ……………………………………………………………………… (145)
  第三章 流行病学研究方法概述 ………………………………………………………… (146)
  第四章 描述性研究 ……………………………………………………………………… (147)
  第五章 病例对照研究 …………………………………………………………………… (149)
  第六章 队列研究 ………………………………………………………………………… (151)
  第七章 流行病学实验 …………………………………………………………………… (153)
  第八章 流行病学研究中的误差及其控制 ……………………………………………… (154)
  第九章 暴发调查 ………………………………………………………………………… (154)
  第十章 病因和病因推断 ………………………………………………………………… (155)
  第二部分 流行病学实习指导 …………………………………………………………… (157)
  实习1 疾病频率的测量 ………………………………………………………………… (157)
  实习2 现况研究 ………………………………………………………………………… (157)
  实习3 筛检方法的评价 ………………………………………………………………… (157)
  实习4 病例对照研究 …………………………………………………………………… (157)
  实习5 队列研究 ………………………………………………………………………… (157)
  实习6 暴发调查的方法与步骤 ………………………………………………………… (158)
Ⅲ 关于大纲的说明与考核实施要求 ……………………………………………………… (159)
附录 试题类型举例 ………………………………………………………………………… (161)
后 记 ………………………………………………………………………………………… (162)

Ⅰ 课程性质与设置目的

本课程为全国高教自学考试《食品、营养与健康（独立本科段）》专业的考生设置，属专业必修课，共计6个学分，其中2个学分为实习课考核。流行病学是研究人群中疾病与健康状况的分布及其影响因素，并研究防治疾病及促进健康的策略和措施的科学。流行病学是预防医学中的一门主导课程。预防医学各学科中，凡涉及专业问题的调查设计、资料的获取和数据资料的分析及其解释，都要以流行病学方法为基础。在公共卫生实践的人群现场工作，也需要流行病学的知识和技能。本课程设置的目的是为了广大的从事公共卫生、卫生事业管理及其相关专业人员能够了解流行病学的基本理论、基本方法及其应用，并能够在今后的学习和工作中得到运用。

本课程的学习应该具备医学、卫生统计学等基础课程的知识。该课程的总目标就是让学生在掌握流行病学基本理论、基本方法以及基本技能的基础上，能对流行病学研究的思路和方法有一个总体的认识。

本课程的重点章节为：

第一部分流行病学理论中：1) 第二章 疾病的分布；2) 第三章 流行病学研究方法概述；3) 第四章 描述性研究；4) 第五章 病例对照研究；5) 第六章 队列研究。

第二部分流行病学实习指导中：实习1 疾病频率的测量；实习2 现况研究；实习4 病例对照研究；实习5 队列研究。

Ⅱ 课程内容与考核目标

第一部分 流行病学理论

第一章 绪 论

(一) 学习目的与要求

本章重点介绍了流行病学的定义、特征；流行病学的发展简史；流行病学方法及其在食品、营养与健康评价中的应用；流行病学在医学中的地位及与其它学科的关系。

通过本章的学习要求熟练掌握流行病学的定义、特征，了解流行病学的历史、主要的研究方法及其应用，了解流行病学的地位及与其它学科的关系。

本章的重点是流行病学的定义和特征；本章建议学习时间2学时。

(二) 课程内容

1. 流行病学的定义和主要特征

流行病学的定义及其基本含义；流行病学的群体特征、以分布为起点的特征、对比的特征、概率论和数理统计学的特征、社会医学的特征以及预防为主的特征。

2. 流行病学简史

简单介绍流行病学的发展简史。

3. 流行病学研究方法及其在营养与健康评价中的应用简介

流行病学观察法（包括描述性研究、分析性研究）以及实验性研究、理论性研究的各自特点及其在食品、营养与健康评价中的应用举例。

4. 流行病学与其它学科的关系及其形成的分支学科

流行病学在医学的地位及其与基础医学、临床医学、其它相关学科的关系。

5. 展望

流行病学研究方法及其应用的展望。

(三) 考核知识点

1. 流行病学的定义
2. 流行病学的特征
3. 流行病学在医学中的地位及其与其它学科的关系

(四) 考核要求

1. 流行病学的定义

识记：流行病学定义体现的基本含义

领会：流行病学的定义

2. 流行病学的特征

领会：流行病学的6大特征

3. 流行病学在医学中的地位及其与其它学科的关系
识记：流行病学与其它学科的关系

第二章 疾病的分布

(一) 学习目的与要求

本章的重点介绍疾病分布在流行病学研究中的基础作用。

本章的学习要求理解研究疾病分布的意义，掌握疾病分布的常用测量指标概念、应用条件和具体的计算，理解疾病流行的强度指标概念，理解疾病的人群、地区及时间分布的流行病学描述方法，及其在疾病及健康研究中的意义。

本章重点是疾病分布相关指标的概念、应用条件和计算；疾病三间分布的特点及其意义。本章建议学习时间4学时。

(二) 课程内容

前言
疾病分布的定义及其意义

第一节 疾病分布的常用测量指标

发病率、罹患率、患病率、感染率、病残率等发病指标的概念及其表示；死亡率、死亡专率、病死率、生存率、累计死亡率等死亡指标的概念及其表示；计算这些指标时应当注意的事项。

第二节 疾病流行的强度
疾病流行强度的定义及其常用的流行强度术语（散发、暴发、流行）的概念。

第三节 疾病的人群分布
疾病在不同性别、年龄、职业、种族等的不同分布特点及其意义。

第四节 疾病的地区分布
疾病在不同地区分布的特点及其意义。地区聚集性及地方病的概念。

第五节 疾病的时间分布
疾病时间分布的四种类型（短期波动、季节性、周期性、长期趋势）概念及其意义。

第六节 疾病的人群、地区、时间综合分布
移民流行病学的定义其在判断遗传因素或环境因素对疾病作用大小的依据。

(三) 考核知识点

1. 疾病分布的定义及其意义。
2. 疾病分布常用测量指标的概念及其表示方法。
3. 疾病分布常用测量指标在应用时应当注意的事项。
4. 常用的疾病流行强度（散发、暴发、流行）的概念。
5. 疾病在不同性别、年龄、职业、种族的分布特点及其意义。
6. 疾病在不同地区分布的特点及其意义。
7. 疾病时间分布的类型及其意义。
8. 移民流行病学的定义及其在判断遗传因素或环境因素对疾病作用大小的依据。

(四)考核要求

1. 疾病分布的定义及其意义。

识记：进行疾病分布的意义

领会：疾病分布的定义，强调"三间"分布（人群、地区和时间分布）。

2. 疾病分布常用测量指标的概念及其计算。

识记：常用测量疾病或健康状况的相对数指标：比、比例和率之间的区别。

罹患率的定义、计算。

感染率的定义、计算。

死亡率的定义、计算；各地区人口构成不同，不能进行死亡率的直接比较，需要进行死亡率的标化；计算死亡专率的意义。

病死率的定义、计算。

领会：发病率的定义、计算，分子、分母的确定。

患病率的定义、计算，影响患病率升高或降低的因素，与发病率的区别和联系。

3. 疾病分布常用测量指标在应用时应当注意的事项。

领会：在疾病的发病率或死亡率时分母、分子确定时应当注意的事项。

4. 常用的疾病流行强度（散发、暴发、流行）的概念。

领会：各疾病流行强度概念及其可能的原因。

5. 疾病在不同性别、年龄、职业、种族的分布特点及其意义。

识记：疾病的人群分布特点及其意义

6. 疾病在不同地区分布的特点及其意义。

识记：疾病的地区分布特点及其意义。

疾病地区聚集性及地方病的概念。

7. 疾病时间分布的类型及其意义。

识记：疾病时间分布的类型及其意义。

8. 移民流行病学的定义及其在判断遗传因素或环境因素对疾病作用大小的依据。

领会：移民流行病学的定义及其作用。

第三章 流行病学研究方法概述

(一)学习目的与要求

本章重点介绍了流行病学研究方法的应用、方法学分类等进行了概述，以便于大家对以后各章节的具体流行病学方法有个总体的认识。

在本章中，要求理解流行病学方法的应用；理解流行病学研究方法的分类及其各种研究方法的基本含义，为以后各具体方法的学习奠定基础；理解流行病学研究方法的选择前提。

本章重点为流行病学研究方法的应用以及分类；本章建议学习2个学时。

(二)课程内容

第一节 历史回顾

对流行病学方法的历史认识过程进行简单的回顾。

第二节 流行病学研究方法的应用

对流行病学研究方法的 6 个方面应用进行概括。

第三节　流行病学研究方法分类

按照流行病学研究设计以及流行病学实际工作性质进行流行病学研究方法的分类，并对每种方法的基本概念进行了描述，以利于以后各章节的学习。同时，对流行病学研究方法的选择前提进行了概括。

（三）考核知识点

1. 流行病学研究方法的应用。
2. 按照流行病学研究设计分类的流行病学方法。
3. 按照流行病学工作性质分类的流行病学方法。
4. 流行病学研究方法的选择。

（四）考核要求

1. 流行病学研究方法的应用。

领会：流行病学方法在 6 个方面的应用概括。

2. 按照流行病学研究设计分类的流行病学方法。

领会：各分类方法的名称及其基本的原理、目的或应用（可结合以后的相关具体章节进行学习）。

3. 按照流行病学工作性质分类的流行病学方法。

识记：各分类方法的名称及其基本目的或应用（可结合以后的相关具体章节进行学习）。

4. 流行病学研究方法的选择。

领会：流行病学研究方法的选择前提条件。

第四章　描述性研究

（一）学习目的与要求

本章重点介绍了描述性研究的三种研究方法（现况研究、筛检、生态学研究）的概念、应用、常见偏倚，以及资料的整理分析等。

在本章中，要求熟练掌握各描述性研究方法的概念、目的及其特点或应用范围；掌握抽样调查的概念、抽样方法及其各自的优缺点；理解描述性研究中可能出现的偏倚及其控制方法；掌握筛检方法的评价指标以及各指标间的相互关系。

本章的重点是各描述性研究方法的概念、目的及其特点或应用范围、偏倚及其控制；各抽样调查的方法及其各自优缺点。本章的难点是筛检方法的评价指标以及各指标之间的相互关系。本章建议学习时间 6 学时。

（二）课程内容

第一节　现况研究

现况研究的概念、现况研究的应用范围及其分类；普查的概念、目的及其优缺点；抽样调查的概念、优缺点以及各种抽样方法的概念、优缺点、抽样误差的大小；抽样调查样本量大小的决定因素；抽样调查中误差的概念；现况研究中常见的偏倚及其控制。

第二节　筛　检

筛检的概念及其目的；评价筛检方法真实性和可靠性的指标；灵敏度、特异度、假阳性率、假阴性率的定义及其计算方法；选择筛检灵敏度和特异度的原则；筛检效果评价的指标；阳性预测值、阴性预测值的定义及其计算方法。

第三节 生态学研究

生态学研究的概念及其目的；生态学研究的优缺点。

（三）考核知识点

1. 描述性研究的概念以及分类。
2. 现况研究的概念、现况研究的应用范围及其种类。
3. 普查的概念、目的及其优缺点。
4. 抽样调查的概念、优缺点以及各种抽样方法的概念、优缺点、抽样误差的大小。
5. 抽样调查样本量大小的决定因素。
6. 现况研究中常见的偏倚及其控制。
7. 筛检的概念及其目的。
8. 评价筛检方法真实性的指标以及灵敏度、特异度、假阳性率、假阴性率的定义及其计算方法。
9. 选择筛检灵敏度和特异度的原则。
10. 筛检效果评价的指标以及阳性预测值、阴性预测值的定义及其计算方法。
11. 生态学研究的概念、目的以及生态学研究的优缺点。

（四）考核要求

1. 描述性研究的概念以及分类。

领会：描述性研究的概念及其分类。

2. 现况研究的概念、现况研究的应用范围及其种类。

识记：现况研究的应用范围。

领会：现况研究的概念及其种类。

3. 普查的概念、目的及其优缺点。

识记：普查优缺点。

领会：普查的概念、目的。

4. 抽样调查的概念、优缺点以及各种抽样方法的概念、优缺点、抽样误差的大小。

识记：抽样调查的优缺点。

领会：抽样调查的概念；

　　　单纯随机抽样的概念；

　　　系统抽样的概念；

　　　分层抽样的概念；

　　　整群抽样的概念。

简单运用：抽样误差的概念以及各种抽样方法的抽样误差大小顺序。

5. 抽样调查样本量大小的决定因素。

识记：抽样调查样本量与预期患病率以及调查结果精确性要求有关。

6. 现况研究中常见的偏倚及其控制。

识记：无应答偏倚、回忆偏倚、报告偏倚、测量偏倚、调查员偏倚的概念，常见偏倚的主要控制途径。

该部分内容可结合第八章进行学习。

7. 筛检的概念及其目的。

领会：筛检的概念及其目的。

8. 评价筛检方法真实性的指标以及灵敏度、特异度、假阳性率、假阴性率的定义及其计算方法。

识记：约登指数的概念。

领会：筛检方法的评价指标有哪些？

综合运用：评价筛检方法真实性的指标中，灵敏度、特异度、假阳性率、假阴性率的定义及其计算方法，以及各指标间的相互关系。

9. 选择筛检灵敏度和特异度的原则。

识记：选择筛检灵敏度和特异度的原则。

10. 筛检效果评价的指标以及阳性预测值、阴性预测值的定义及其计算方法。

领会：阳性预测值、阴性预测值的定义及其计算方法。

11. 生态学研究的概念、目的以及生态学研究的优缺点。

识记：生态学研究的概念、目的及优缺点；

　　　生态学谬误的概念。

第五章　病例对照研究

（一）学习目的与要求

本章重点介绍了病例对照研究的定义、特点以及病例对照研究设计中研究对象的选择、资料的收集、整理分析等内容，同时也介绍了病例对照研究中的主要偏倚、结果解释等方面的内容。

在本章中，要求熟练掌握病例对照研究的定义、特点；理解病例对照研究中病例和对照的选择原则和方法；理解病例对照研究中资料的整理及其主要的分析指标计算及其意义；理解病例对照研究中主要的偏倚及其控制方法并对病例对照研究的结果进行正确的解释。

本章的重点是病例对照研究的定义、特点、研究对象的选择原则和方法、资料的分析、偏倚及其控制。难点是研究对象的选择以及资料的整理分析。本章建议学习时间6学时。

（二）课程内容

第一节　概述

病例对照研究的定义、特点及其用途。

第二节　病例对照研究的实施

病例与对照的选择方法及其原则；成组对照与匹配对照的特点；病例对照样本量大小的影响因素；研究因素的收集与测量。

第三节　病例对照研究的资料分析

病例对照研究的描述性分析内容；不匹配不分层的病例对照推断性分析的指标计算及其意义；个体匹配病例对照资料的推断性分析指标计算及其意义。

第四节　病例对照研究中的主要偏倚及其控制

选择偏倚、信息偏倚和混杂偏倚的概念及其在病例对照研究中产生的原因；偏倚的控制的主要方法。

第五节 病例对照研究结果的解释及优缺点

病例对照研究结果的解释以及病例对照研究的优点和缺点。

(三) 考核知识点

1. 病例对照研究的定义、特点及其用途。
2. 病例选择方法及其原则。
3. 对照选择方法及其原则。
4. 成组对照和个体匹配对照的各自优缺点。
5、病例对照研究中，影响样本量大小的主要因素。
6. 暴露的概念以及暴露因素的收集。
7. 病例对照研究的资料分析中，描述性分析和推断性分析的各自用途。
8. 不匹配不分层的资料分析中，四格表的卡方值（χ^2值）、OR值计算方法以及意义。
9. 匹配资料的分析中，四格表的卡方值（χ^2值）、OR值计算方法以及意义。
10. 病例对照研究中的主要偏倚及其控制方法。
11. 病例对照研究结果的解释。
12. 病例对照研究的优缺点。

(四) 考核要求

1. 病例对照研究的定义、特点及其用途。

综合运用：病例对照研究的定义；
　　　　　病例对照研究的特点；
　　　　　病例对照研究的用途。

2. 病例选择方法及其原则。

简单运用：病例选择的原则；
　　　　　病例选择的类型；
　　　　　病例选择的来源。

3. 对照选择方法及其原则。

简单运用：对照选择的原则；
　　　　　对照选择的类型；
　　　　　对照的来源。

4. 成组对照和个体匹配对照的各自优缺点。

识记：成组病例对照和匹配病例对照的概念。

领会：个体匹配病例对照的概念及其优缺点。

5. 病例对照研究中，影响样本量大小的主要因素。

识记：影响病例对照研究样本量的 4 个主要因素（对照组暴露率、预期 OR 值、显著性水平以及把握度）。

6. 暴露的概念以及暴露因素的收集。

识记：在病例对照研究中，暴露因素的明确规定以及收集方式。

领会：暴露的概念。

7. 病例对照研究的资料分析中，描述性分析和推断性分析的各自用途。
识记：描述性分析和推断性分析的各自用途。
8. 不匹配不分层的资料分析中，四格表卡方值（χ^2）、比之比（OR）计算方法以及意义。
领会：OR 值的概念及其意义。
综合运用：不匹配不分层的四格表的卡方值（χ^2值）、OR 值计算方法。
9. 匹配资料的分析中，四格表的卡方值（χ^2值）、OR 值计算方法以及意义。
简单运用：匹配资料四格表的卡方值（χ^2值）、OR 值计算方法。
10. 病例对照研究中的主要偏倚及其控制方法。
识记：病例对照研究中选择偏倚、信息偏倚以及混杂偏倚的概念以及来源；
　　　病例对照研究中主要偏倚的控制方法。
该部分内容可结合第八章进行学习。
11. 病例对照研究结果的解释。
领会：对病例对照研究结果的可能解释。
12. 病例对照研究的优缺点。
简单运用：病例对照研究的优缺点。

第六章　队列研究

（一）学习目的与要求

本章重点介绍了队列研究的定义、特点以及队列研究设计中研究因素、研究结局以及研究对象的选择，同时也重点介绍了队列研究的资料分析指标以及主要偏倚等方面的内容。

在本章中，要求熟练掌握队列研究的定义、特点；理解队列研究中研究因素和研究结局的确定；理解研究对象的选择原则和方法；理解队列研究中资料的整理及其主要的分析指标计算及其意义；理解队列研究中主要的偏倚及其控制方法。

本章的重点是队列研究的定义、特点以及研究对象的选择、资料的统计分析、偏倚及其控制。本章的难点是研究对象的选择以及资料的统计分析。本章建议学习时间 6 学时。

（二）课程内容

第一节　概述

队列研究的定义、特点、目的以及类型。

第二节　队列研究的实施

队列研究中研究因素和研究结局的确定方法及其原则；队列研究中暴露人群和对照人群的选择原则和方法；队列研究中进行样本量计算时所需要考虑的问题以及样本量大小的影响因素；队列研究的资料收集过程。

第三节　队列研究的资料分析

队列研究的资料分析步骤；队列研究中发病或死亡率指标的计算方法；暴露因素与结局事件关联强度的计算方法及其意义。

第四节　队列研究中的主要偏倚及其控制

失访偏倚、选择偏倚、信息偏倚和混杂偏倚在队列研究中产生的原因以及主要的控制方法。

第五节 队列研究的优缺点

队列研究的优点和缺点。

(三) 考核知识点

1. 队列研究的定义、特点、目的和类型。
2. 队列研究的确定研究因素和研究结局的原则和方法。
3. 队列研究确定暴露人群和对照人群的原则和方法。
4. 队列研究中进行样本量计算时所需要考虑的问题以及样本量大小的影响因素。
5. 队列研究的资料收集过程。
6. 队列研究中发病或死亡率指标的计算方法。
7. 暴露因素与结局事件关联强度的计算方法及其意义。
8. 队列研究中产生各种偏倚的原因以及主要的控制方法。
9. 队列研究的优点和缺点。

(四) 考核要求

1. 队列研究的定义、特点、目的和类型。

领会：队列研究的目的和类型。

综合运用：队列研究的定义；
　　　　　队列研究的特点。

2. 队列研究的确定研究因素和研究结局的原则和方法。

识记：队列研究中研究因素和研究结局确定的原则和方法。

3. 队列研究确定暴露人群和对照人群的原则和方法。

识记：暴露人群的选择方式。

对照人群的选择原则以及种类。

队列研究选择研究人群时需要考虑的因素。

4. 队列研究中进行样本量计算时所需要考虑的问题以及样本量大小的影响因素。

识记：队列研究中进行样本量计算时所需要考虑的问题。

决定样本量大小的 4 个因素（一般人群发病率、暴露组发病率、显著性水平以及把握度）。

5. 队列研究的资料收集过程。

识记：队列研究的资料收集包括基线调查和随访调查，在两个阶段调查收集的资料是不同的。

6. 队列研究中发病或死亡率指标的计算方法。

识记：累计发病率的计算方法。

发病密度的计算方法。

对人年概念的理解。

7. 暴露因素与结局事件关联强度的计算方法及其意义。

识记：特异危险度（归因危险度，AR）的概念及其意义。

领会：相对危险度（RR）的概念及其意义。

人群归因危险度（PAR）的概念及其意义。

8. 队列研究中产生各种偏倚的原因以及主要的控制方法。
识记：队列研究中失访偏倚、选择偏倚、信息偏倚以及混杂偏倚的来源及其控制。
9. 队列研究的优点和缺点。
简单运用：队列研究的优点和缺点。
队列研究和病例对照研究方法的相互比较。

第七章　流行病学实验

（一）学习目的与要求

本章重点介绍了流行病学实验的基本原理、设计类型以及现场实验方法的实施、资料整理分析、偏倚及其控制、研究中的注意事项和优缺点。

在本章中，要求熟练掌握流行病学实验研究的概念、基本原理和设计类型；理解流行病学实验研究的应用条件；理解实验研究的实施步骤和过程；理解实验研究的主要评价指标；理解实验研究中的注意事项和优缺点。

本章的重点是流行病学实验研究的概念、基本原理、类型、偏倚及其控制。难点是实验研究的研究对象的选择、随机化分组、对照的设立。本章建议学习时间4学时。

（二）课程内容

第一节　概述
实验研究的定义、基本原理、设计类型以及应用条件。
第二节　实验研究的实施
实验的实施步骤和过程；研究对象的选择原则；研究现场的选择；影响样本量大小的主要因素；随机化分组的目的及其方式；设立对照的意义及其方式；盲法的类型及其优缺点。
第三节　实验研究的资料整理和分析
实验研究中退出的原因及其控制；实验效果的评价指标及其计算。
第四节　实验研究的优缺点
实验研究中应该注意的问题以及实验研究的优缺点。

（三）考核知识点

1. 实验研究的定义、基本原理。
2. 实验研究的类型。
3. 实验研究的应用条件。
4. 实验研究选择研究对象的主要原则。
5. 实验研究随机分组的目的以及主要方法。
6. 实验研究中设立对照的主要方式。
7. 盲法的类型以及各自的优缺点。
8. 在实验研究中退出的原因、对研究结果的影响以及控制措施。
9. 实验效果评价的主要评价指标计算方法。
10. 实验研究的优缺点。

（四）考核要求

1. 实验研究的定义、基本原理。

简单运用：流行病学实验研究的定义；
流行病学实验研究的特点；
流行病学实验研究与描述性和分析性流行病学研究的区别（参考第4—6章）。
2. 实验研究的类型。
识记：按研究现场划分的实验研究类型及其各自的概念。
按研究设计基本特征划分的真实验、类实验的概念。
3. 实验研究的应用条件。
识记：实验研究的开展的应用条件。
4. 实验研究选择研究对象的主要原则。
领会：实验研究选择研究对象的主要原则。
5. 实验研究随机分组的目的以及主要方法。
识记：随机分组的主要方法。
领会：随机分组的目的。
6. 实验研究中设立对照的主要方式。
识记：实验研究中设立对照的主要方式。
7. 盲法的类型以及各自的优缺点。
识记：单盲、双盲、三盲的概念以及各自的优缺点。
8. 在实验研究中退出的原因、对研究结果的影响以及控制措施。
识记：退出的主要原因、对结果的影响以及主要控制措施。
9. 实验效果评价的主要评价指标计算方法。
领会：主要评价指标的计算方法。
10. 实验研究的优缺点。
综合运用：实验研究的优缺点；
实验研究与其它类型研究方法的优缺点比较（参考其它研究方法的相关内容）。

第八章　流行病学研究中的误差及其控制

本章重点介绍了流行病学研究中出现的各类误差、产生原因及其控制方法。本章不作为考核的章节，但本章中的相关的内容可作为其它章节中（如第四章描述性研究、第六章病例对照研究、第七章队列研究等）相关内容的参考。

第九章　暴发调查

（一）学习目的与要求

本章重点介绍了暴发调查的目的；暴发的流行病学特征、原理以及暴发调查的原则及其实施。

在本章中，要求熟练掌握暴发调查的目的；理解暴露时间的推算；理解暴发调查的原则、特点；了解暴发调查的实施过程。

本章的重点是暴发调查的目的、原则和特点。难点是暴发调查的实施过程。本章建议学习时间 2 学时。

(二) 课程内容

第一节 概述

暴发调查的概念、目的。

第二节 暴发的流行病学特征

暴发的类型、暴发的流行曲线、暴发的终止以及暴发时间的推算。

第三节 暴发调查的原则、特点及实施

暴发调查的原则、特点以及实施过程。

(三) 考核知识点

1. 暴发调查的目的。
2. 暴发的类型。
3. 暴发的流行曲线。
4. 暴发终止的条件。
5. 暴发调查的原则。
6. 暴发调查的特点。
7. 暴发调查的实施步骤。

(四) 考核要求

1. 暴发调查的目的。

领会：暴发调查的目的。

2. 暴发的类型。

识记：暴发的类型。

3. 暴发的流行曲线。

识记：暴发的流行曲线概念。

4. 暴发终止的条件。

领会：暴发终止的条件。

5. 暴发调查的原则。

领会：暴发调查的原则。

6. 暴发调查的特点。

识记：暴发调查的特点。

7. 暴发调查的实施步骤。

识记：暴发调查的实施步骤（即暴发调查分为哪几个阶段进行实施）。

第十章 病因和病因推断

(一) 学习目的与要求

本章重点介绍了病因概念、病因模型；病因推断的基本过程及其准则。

在本章中，要求熟练掌握流行病学病因的概念、流行病学病因推断的基本过程以及病因推断的准则；熟练掌握统计学关联与因果关联的区别与联系；理解病因模型的类型、病因作用的联接方式、Mill 法则。

本章的重点是流行病学病因的概念以及病因推断的准则。难点是流行病学病因推断的基本过程，统计学关联与因果关联的区别与联系。本章建议学习时间 2 学时。

(二) 课程内容

第一节　病因概念与病因模型

流行病学病因的定义，不同的病因模型，病因作用的联接方式。

第二节　病因推断

流行病学病因推断的基本过程、病因推断中形成病因假设的方法（假设演绎法和 Mill 法则）、病因推断的准则。

(三) 考核知识点

1. 流行病学病因的定义。
2. 三种主要的病因生态学模型。
3. 病因作用的联接方式。
4. 病因推断的基本过程。
5. 病因推断中形成病因假设的 Mill 法则。
6. 统计学关联和因果关联的区别和联系。
7. 病因推断的 7 条准则。

(四) 考核要求

1. 流行病学病因的定义。

领会：Lilienfeld 关于病因的定义。

2. 三种主要的病因生态学模型。

识记：病因三角模型、轮状模型以及现代生态学病因模型的基本内容。

3. 病因作用的联接方式。

识记：单因单果、单因多果、多因单果以及多因多果的病因联接方式及其意义。

4. 病因推断的基本过程。

简单运用：病因推断的基本过程（主要的步骤）。

5. 病因推断中形成病因假设的 Mill 法则。

识记：四项 Mill 法则的基本方法。

6. 统计学关联和因果关联的区别和联系。

领会：统计学关联只说明了病因和疾病的关联排除了随机误差的干扰，而并不一定存在因果关联；要确定因果关联，还得排除各种偏倚的干扰，以及确定病因与疾病的时间先后关系。在排除或控制了这些偏倚的干扰后，如果还有统计学关联，就说明存在真实的关联，可以用因果推断准则进行综合评价，得出一个具有一定可信度的因果关系结论。

7. 病因推断的 7 条准则。

领会：病因推断的 7 个准则基本内容。

第二部分　流行病学实习指导

该部分是主要是为了检验学生所学的知识，看学生能否将学到的内容用于处理实际问题。

实习 1　疾病频率的测量

重点及考核点：
根据对第二章疾病分布的学习，对在流行病学研究中，测量疾病频率的指标主要有发病指标（包括发病率、罹患率、患病率、感染率）、死亡指标（死亡率、死亡专率、病死率、生存率、累计死亡率）等计算进行实例练习。

实习 2　现况研究

重点及考核点：
根据对第四章描述性研究中第一节现况研究部分的学习，对描述性研究、现况研究、普查、抽样调查、单纯随机抽样、系统抽样、分层抽样、整群抽样等概念进行实例练习。

实习 3　筛检方法的评价

重点及考核点：
根据对第四章描述性研究中第二节筛检部分的学习，对筛检实验的指标（灵敏度、特异度、阳性预测值、阴性预测值、约登指数等）及其计算方法进行实例练习。

实习 4　病例对照研究

重点及考核点：
根据对第五章病例对照研究的学习，通过实例资料的分析，掌握病例对照研究常用指标计算（χ^2，OR）及资料基本整理分析方法。通过研究设计，熟悉病例对照研究设计的原则和方法。

实习 5　队列研究

重点及考核点：
根据对第六章队列研究的学习，通过实例资料的分析，理解队列研究的基本原理，掌握队列研究资料的基本整理分析方法和指标计算（相对危险度、归因危险度（AR）、归因危险度百分比（AR%））。

实习 6 暴发调查的方法与步骤

考核目的：
了解暴发调查的基本方法和步骤。

Ⅲ 关于大纲的说明与考核实施要求

（一）自学考试大纲的目的和作用

课程自学考试大纲是根据专业自学考试计划的要求，结合自学考试的特点而确定。其目的是对个人自学、社会助学和课程考试命题进行指导和规定。

课程自学考试大纲明确了课程学习的内容以及深广度，规定了课程自学考试的范围和标准。因此，它是编写自学考试教材和辅导书的依据，是社会助学组织进行自学辅导的依据，是自学者学习材料、掌握课程内容知识范围和程度的依据，也是进行自学考试命题的依据。

（二）课程自学考试大纲与教材的关系

课程自学考试大纲是进行学习和考核的依据，教材是学习掌握课程知识的基本内容与范围，教材的内容是大纲所规定的课程知识和内容的扩展与发挥。课程内容在教材中可以体现一定的深度或难度，但在大纲中对考核的要求一定要适当。

大纲与教材所体现的课程内容应基本一致；大纲里面的课程内容和考核知识点，教材里一般也要有。反过来教材里有的内容，大纲里就不一定体现。（注：如果教材是推荐选用的，其中有的内容与大纲的要求不一致的地方，应以大纲规定为准）。

（三）关于自学教材

《流行病学》，全国高等教育自学考试指导委员会组编，胡永华主编，北京大学医学出版社，2006年版。

（四）关于自学要求和自学方法的指导

本大纲的课程基本要求是根据专业考试计划和专业培养目标而确定的。课程基本要求还明确了课程的基本内容，以及对基本内容掌握的程度。基本要求中的知识点构成了课程内容的主体部分。因此，课程基本内容掌握程度、课程考核知识点是高等教育自学考试考核的主要内容。

在自学要求中，对各部分内容的掌握程度的要求由低到高分为四个层次，其表达用语依次是：了解、知道；理解、清楚；掌握、会用；熟练掌握。

为有效地指导个人自学和社会助学，本大纲已指明了课程的重点和难点，在各章的基本要求中也指明了各章内容的重点和难点。

本课程共计6学分（其中实习内容2学分）

（五）对社会助学的要求

在助学活动中应注意正确引导、正确处理学习知识和提高能力的关系，注重流行病学方法的设计思路和应用的理解。流行病学实习中应加强学员的主动思考和交流能力。

（六）对考核内容和考核目标的说明

1. 本课程要求考生学习和掌握的知识点内容都作为考核内容。课程中各章的内容均由若干知识点组成，在自学考试中成为考核知识点。因此，课程自学考试大纲中所规定的考试内容是以分解为考核知识点的方式给出的。由于各个知识点在课程中的地位、作用以及知识自身的特点不同，自学考试将对各个知识点分别按四个认识（或叫能力）层次确定其考核要求。

2. 四个能力层次从低到高依次是：识记；领会；简单运用；综合运用。

识记：要求考生知道本课程中的名词、概念、原理、知识的含义，并能正确认识或识别。

领会：要求在识记的基础上，能把握课程中的基本概念、基本原理和基本方法，掌握有关概念、原理和方法的区别和联系。

简单应用：要求在领会的基础上，运用本课程中的基本概念、基本原理和基本方法中的少量知识点，分析和解决一般的理论问题或实际问题。

综合应用：要求考生在简单运用的基础上，运用学过的本课程中的多个知识点，综合分析和解决稍微复杂的理论和实际问题。

3. 在考试之日起6个月内，由全国人民代表大会和国务院颁发或修订的法律、法规都将列入相应课程考试范围。凡大纲、教材内容与现行法律、法规不符的，应以现行法律法规为准。

（七）关于考试命题的若干规定

1. 考试的方法为闭卷笔试，共计6个学分，其中实习部分以分析题的形式进行考核。考试时间为150分钟。

2. 本大纲中各章中所规定的基本要求、知识点和知识点下的知识细目都属于考核的内容。考试命题既要覆盖到章，又要避免面面俱到。要注意突出课程的重点、章节重点，加大重点内容的覆盖度。

3. 命题不应有超出大纲中考核知识点范围的题，考核目标不得高于大纲中所规定的相应最高能力层次要求。命题应着重考核自学者对基本概念、基本知识和基本理论是否了解或掌握，对基本方法是否会用或熟练。不应出与基本要求不符的偏题或怪题。

4. 本课程在试卷中对不同能力层次要求的分数比例大致为：识记占30%，领会占40%，简单运用占15%，综合运用占15%。

5. 要合理安排考题的难易程度，试题的难度可分为：易、较易、较难和难四个等级。每份试卷中不同程度难度试题的比例一般为2∶3∶3∶2。

必须注意试题的难易程度与能力层次有一定的联系，但二者不是等同的概念。在各个能力层次中对于不同的考生都存在着不同的难度。

6. 课程考试命题的主要题型有单项选择题、填空题、名词解释题、简答题、分析题。在命题工作中必须按照本课程大纲中所规定的题型命题，考试试卷使用的题型可以略少，但不能超出规定。主观题和客观题的比例一般在4∶6左右浮动。流行病学实习部分考核的题型是对实例进行分析，题型同分析题形式。

附录　试题类型举例

一、单项选择题（下列备选项中，只有一个是符合题目要求的，请将正确选项前的代码填在题后的括号内。多选、错选均不得分）

以下不是流行病学的特征的是（　）
A. 群体特征　　　　　　　　　B. 以分布为起点的特征
C. 预防为主的特征　　　　　　D. 对比的特征
E. 以治疗疾病为主的特征

二、填空题

疾病的三间分布包括：_____分布、_____分布、_____分布。

三、名词解释

暴发

四、简答题

影响患病率升高的原因有哪些？

五、分析题（同实习分析题）

某市区疾控中心为了摸清本地区人群中乙型肝炎表面抗原（HbsAg）携带情况，拟进行一次现况研究。本市区约有 16 万余人，分为 6 个街道居委会，每个街道居委会下设 13~15 个居民委员会。每个居民委员会约有 1900~2100 人。该市区为一般居民，由各种职业人员组成。试分析以下问题：

1. 本次调查的目的是什么？预期分析指标是什么？
2. 根据你所确定的调查目的，本次调查应采用普查还是抽样调查？如果是采用抽样调查，如何抽样？
3. 本次调查可能会遇到哪些影响调查质量的因素？应如何控制调查资料的质量？

后 记

《流行病学自学考试大纲》是根据全国高等教育自学考试营养、食品与健康专业（专科）考试计划的要求，由医药类专业委员会组织编写。2006年3月全国考委医药类专业委员会对本大纲组织审稿。

参加《流行病学自学考试大纲》编写的有：北京大学医学部公共卫生学院流行病与卫生统计系胡永华、曹卫华、詹思延教授和任涛、吴涛讲师。

首都医科大学王嵬教授担任主审，协和医科大学黄建始教授、军事医学科学院曹务春教授参加审稿并提出改进意见。

大纲编审人员付出了辛勤劳动，特此表示感谢。

全国高等教育自学考试指导委员会
医药学类专业委员会
2006年3月